Verlag Bibliothek der Provinz

.

Elisabeth Telsnig
LUISE
Geschichte eines Lebens

herausgegeben von Richard Pils

ISBN: 978-3-99126-202-2

© *Verlag* Bibliothek der Provinz GmbH.
A-3970 WEITRA 02856/3794
www.bibliothekderprovinz.at

Mit der Unterstützung von

Elisabeth Telsnig

Luise

Geschichte eines Lebens

für Renate

LUISE HOFER

geboren am 3. Mai 1897 in St. Johann am Wimberg
ermordet am 21. Februar 1941 in Hadamar

INHALT

Kapitel 1

PEPI UND LUISE – MEIN
WEG ZU LUISE HOFER

Ein warmer, sonniger Tag im Frühjahr 2015 – Renate und ich sitzen in einem gemütlichen Salzburger Restaurant, direkt an der Salzach, essen eine Kleinigkeit zu Mittag, plaudern und genießen die ersten wärmenden Sonnenstrahlen und den herrlichen Blick auf die Altstadt und die Festung.

Renate besucht mich hin und wieder, sie wohnt nördlich von Linz. Sie ist die Cousine von Josef Hofer, des von mir seit vielen Jahren betreuten „Art Brut"-Künstlers. Bis vor kurzem war sie auch seine Erwachsenenvertreterin.

Ich benötigte ihre Zustimmung für Veröffentlichungen und Ausstellungen, die sie mir stets mit großem Wohlwollen und Vertrauen gab. Die Erfolgsgeschichte Josef Hofer hätte es ohne ihre Unterstützung nicht gegeben. Aus unserer Zusammenarbeit hat sich allmählich eine Freundschaft entwickelt.

Bei diesem Treffen habe ich Neuigkeiten zu berichten. Ich erzähle Renate, an welchem wissenschaftlichen Projekt ich nun arbeite. Ich hatte gerade damit begonnen, knapp 28.000 historische Krankenakten der Landes-Heilanstalt Salzburg auf darin enthaltene kreative Zeugnisse von Patienten und Patientinnen – Zeichnungen und Schriftstücke – zu sichten[1]. Da hebt Renate ihren

---

[1] Im September 2018 publizierte ich die Ergebnisse meiner Forschung, ergänzt mit Beiträgen von Oskar Dohle, Ulrike Feistmantl und Thomas Röske in: ... Trotl bin ich nicht. Kreatives Schaffen in der Landesheilanstalt. Salzburg 1849–1969, Schriftenreihe des Salzburger Landesarchivs, Nr. 28, Salzburg 2018.

Kopf, schaut mich an und sagt: „Weißt, eine Tante vom ‚Pepi' (Josef Hofer)[2] ist in Hartheim[3] vergast worden."

Diese Aussage überrascht mich sehr. Als ich 2013 für meine Biografie über Josef Hofer[4] mit Renate ein Interview und viele weitere Gespräche geführt hatte, hatte sie mir – auch auf konkretes Nachfragen meinerseits – nichts davon erzählt.

Renate ist Jahrgang 1945. Wir hatten oft über ihre Erinnerungen und die Erzählungen innerhalb der Familie, im Speziellen über die Zeit des Nationalsozialismus und der nachfolgenden zehnjährigen Besatzungszeit im Mühlviertel durch sowjetische Soldaten, gesprochen, die sie selbst als Kind miterlebt hatte.

Über die Familie von Josef Hofer erzählte sie mir damals Folgendes:

Josef Hofer war in den letzten Monaten des Zweiten Weltkrieges als zweiter Sohn von Josef und Maria Hofer im Krankenhaus Wegscheid in Bayern geboren worden. Normalerweise wäre seine Mutter (1909 – 1999), damals bereits 36 Jahre alt und für ihre Zeit eine „Spätgebärende", zur Entbindung in das Allgemeine Krankenhaus nach Linz gefahren. Die Landesfrauenklinik mit der Geburtenabteilung war jedoch wegen der drohenden Bombenangriffe bereits 1943 von Linz in das 40 km weiter südlich gelegene Bad Hall umgesiedelt worden[5].

---

2 Josef Hofer (*17. März 1945) trägt den Rufnamen „Pepi".
3 Diese Erinnerung sollte sich als falsch herausstellen. Luise wurde von den Nationalsozialisten nicht in der Tötungsanstalt Schloss Hartheim, sondern in der Tötungsanstalt Hadamar, ermordet.
4 Elisabeth Telsnig und Franz Murauer: Josef Hofer, *Verlag* Bibliothek der Provinz, Weitra 2013.
5 Heute Museum Forum Hall. Von 1943 bis 1945 beherbergte das umfunktionierte Haus die Linzer Frauenklinik mit Geburtenabteilung, die wegen der drohenden Bombenangriffe nach Bad Hall übersiedelte. 1945 bis 1946 besetzten amerikanische Truppen das Haus.

Mit über 70 km war der Weg zu weit geworden und so fuhr Maria Hofer in das nächstgelegene Krankenhaus nach Wegscheid, im angrenzenden Bayern.

Dieser Umstand hat dem kleinen Josef (Pepi) vermutlich das Leben gerettet. Denn obwohl seine Beeinträchtigung sofort sichtbar war – er ist sowohl geistig als auch körperlich behindert – erfolgte vom Krankenhaus Wegscheid keine Meldung an die Gesundheitsbehörde. Noch Monate über das Kriegsende am 8. Mai 1945 hinaus galten die Erbgesundheitsgesetze des „Deutschen Reiches", die Ärzte und Hebammen dazu verpflichteten, die Geburt eines behinderten Kindes sofort zu melden. Die Folgen waren die Tötung des Neugeborenen und die Sterilisation der Mutter, ja oft aller weiblicher Verwandten.

Im Gegensatz zu Wegscheid war die Landesfrauenklinik des Allgemeinen Krankenhauses an den Standorten in Linz und Bad Hall im Nationalsozialismus ein Zentrum der aus eugenischen und rassischen Gründen angeordneten Zwangsabtreibungen und -sterilisationen. Von 1941 bis 1945 stand ihr Prof. Dr. Gustav Halter als ärztlicher Leiter vor.[6]

In der Folge isolierten die Eltern ihren Sohn auf ihrem Hof im oberösterreichischen Mühlviertel, schickten ihn in keine Schule und hofften, ihn so gut schützen zu können. Der ältere Sohn Walter, der 1940 zu Hause in St. Johann am Wimberg geboren worden war, hatte eine geringere geistige Behinderung. Sie sei bei seiner Geburt nicht erkennbar gewesen und habe sich erst allmählich

---

6   Siehe dazu: Heribert Fröhlich und Manfred Skopec (Hrsg.): 200 Jahre Landesfrauenklinik Linz, Wien 1990, S. 53f.; Josef Goldberger: NS-Gesundheitspolitik in Oberdonau (Hrsg. Verlag OÖ Landesarchiv), Linz 2008.

in seiner späteren Kindheit gezeigt. Walter besuchte wie seine Altersgenossen die Dorfschule.

Auf meine Fragen hatte Renate eine Bedrohung der Familie Hofer durch die NS-Zeit stets verneint, die Eltern hätten ihren jüngeren Sohn aus Schutz vor den sowjetischen Besatzungssoldaten und vor dem Spott anderer Kinder im Dorf isoliert.

Umso überraschter war ich nun über ihre Offenbarung.

Ich fragte nach, ob ein Grab dieser Tante – ihr Name war Luise – existiere. Nein, es habe nie eines gegeben. Weder eine Inschrift, noch eine Gedenktafel oder ein Gedenkstein erinnerten an sie. Rein gar nichts.

Ist es möglich, dass ein Mensch einfach vergessen wird und aus dem Familiengedächtnis verschwindet?

Im Laufe mehrerer Gespräche erfuhr ich von Renate, dass Luise die Schwester des Vaters von Josef (Pepi) Hofer gewesen war. Luise war die zweite von vier Geschwistern, eine von drei Töchtern. Sie sei noch sehr jung als Hausmädchen ins Rheinland, nach Wiesbaden, gegangen, wo sie sich in einen französischen Offizier verliebt habe. Die Liebe zwischen einem französischen Soldaten und einer Deutschen war in dem von Frankreich besetzten Rheinland der 1920er Jahre unerwünscht, ja sie war verboten. Nachdem der junge Offizier deshalb nach Afrika strafversetzt worden sei, sei Luise psychisch krank geworden und in eine Heilanstalt gekommen. Die Familie habe per Post die schriftliche Benachrichtigung erhalten, dass Luise an einer Lungenentzündung verstorben sei. Nein, dieser Brief existiere nicht mehr. Eine Urne habe man nicht angefordert. Man habe auch keine Nachforschungen angestellt. Die Familie ahnte zwar, was passiert war, man nahm an, dass Luise mit Gas ermordet worden sei, „man wusste es aber nicht".

Renate versprach, mir Fotos von Luise zu schicken.

Ich erhielt von ihr zwei Fotos. Sie zeigen eine zarte, dunkelhaarige junge Frau, deren Äußeres den Stil und die Mode der Zwanzigerjahre widerspiegelt.

Luise, Wiesbaden, Anfang der 1920er Jahre

Eines der beiden Bilder zeigt Luise auf einem Parkweg. Sie lehnt an einem Zaun, hält sich mit den Händen daran fest und dreht ihren Kopf dem Betrachter zu. Der Hintergrund zeigt Bäume und Sträucher. Luise sieht den Fotografen an. Ihre Frisur entspricht der Mode der Zeit. Ein Haarband, quer über der Stirn getragen, hält die Locken aus dem Gesicht. Die feinen Züge mit den großen Augen, der zarten Nase und den vollen Lippen sind zeitlos schön. In ihrem Blick liegt eine gewisse Melancholie. Sie trägt ein dunkles, kurzärmeliges Kleid, darüber gewickelt einen Tüllmantel, den sie im Rücken gebunden hat, mit aufgestickten hellen Stern-Motiven am unteren Saum und Dreiviertelärmeln mit Quaste am Ärmelende. Ein Polarfuchs fällt wie eine Stola von ihrer linken Schulter über den Rücken, schräg zu ihrer Taille nach vorne. Dazu trägt Luise elegante helle Stöckelschuhe mit einem Ristriemchen, große Perlenohrringe, eine Perlenkette und eine Uhr mit dunklem Band am linken Handgelenk. Darüber erkennt man einen zarten Armreif. An ihrem linken Ringfinger trägt sie einen glatten Reif, vielleicht einen Verlobungsring. Das Foto ist wohl bei einem Sonntagsausflug ins Grüne entstanden. Das Motiv mit dem bewusst gewählten Pflanzenhintergrund, die gestellte Körperpose mit der für die „Golden Twenties" so typischen Lockenfrisur, die besondere Garderobe mit dem lässig übergeworfenen Fuchspelz sieht arrangiert aus. Diese Szene strahlt eine gewisse, dem Zeitgeist entsprechende Sinnlichkeit aus.

Luise, Wiesbaden, Anfang der 1920er Jahre (Bildausschnitt)

Auf dem zweiten Foto ist Luise mit ihrer „kleinen" fünfzehnjährigen Schwester Käthe zu sehen, die bei ihr zu Besuch in Wiesbaden war. Das Bild muss 1923 entstanden sein. An einem warmen, sonnigen Tag spazieren die beiden, gekleidet im Stil der 20er Jahre, untergehakt durch eine idyllische Parkanlage. Im von der Sonne erleuchteten Hintergrund sind verschwommen zwei weitere Personen zu erkennen, die auf Parkbänken in der Sonne sitzen.

Luise trägt ihr dunkles Haar diesmal glatt, es bedeckt knapp ihr Ohr. Sie trägt ein helles, weich fallendes kurzärmeliges Kleid, dessen Taille durch eine dunkle Rose aus Seide und feine, herabhängende Bänder betont wird, dazu schwarze Schuhe mit Ristband. Ein schwarzer Mantel hängt über ihrem rechten Arm, in der Hand hält sie ein kleines Täschchen. Dahinter vermeint man in dem gefalteten Stück Stoff einen Fächer in der Farbe ihres Kleides zu entdecken. Am linken Handgelenk erkennt man eine Uhr mit zartem Metallband, an Mittel- und Ringfinger der linken Hand trägt sie je einen schlichten Reif, ebenso am Ringfinger der rechten Hand. Man erkennt denselben glatten Reif an ihrer linken Hand wie auf dem ersten Foto. Luise dürfte ihn immer getragen haben, was die Vermutung nahelegt, dass sie tatsächlich mit André verlobt war. Unter dem Kleid lugt am Dekolleté eine Perlenkette hervor.

An den Ohren trägt sie – wie auf dem ersten Foto – die an zarten Kettchen hängenden Perlenohrringe. Ihre Schwester Käthe hat sich untergehakt. Ihre Haare sind gelockt, vielleicht sogar onduliert. Nun ist sie es, die sich die weiße Fuchsstola um ihre Schultern gelegt hat. Sie trägt ein modisches Kleid mit allerlei Raffinessen, wie helle Verzierungen am Ausschnitt, eine Stoffblume mit Bändchen an der Taille, der Rock hat breite weiße Streifen. Dazu trägt Käthe ebenfalls dunkle Schuhe mit Ristbändchen. Dieser Aufenthalt im eleganten Wiesbaden muss für das Mädchen aus dem Mühlviertel ein Erlebnis gewesen sein! Das Foto wirkt wie eine spontane Aufnahme. Doch der Aufdruck auf der Rückseite „FOTO BAYER" lässt darauf schließen, dass in der Parkanlage Fotografen ihre Dienste anboten und man sich gegen ein Entgelt fotografieren lassen konnte.

Luise und ihre Schwester Käthe, Wiesbaden, 1923

Luise, Wiesbaden 1923
(Bildausschnitte)

Kapitel 2

DIE KRANKENAKTEN

Wenige Monate später, im Dezember 2015, sitze ich im Oberösterreichischen Landesarchiv in Linz und sichte die Krankenakten von Luise[7].

Vor mir liegen Luises Akte mit der Stammnummer 11.318 aus der Landes-Heil- und Pflegeanstalt Eichberg im Rheingau, wo sie vom 5. Dezember 1925 bis zum 16. März 1929 untergebracht war und ihre Akte mit der Stammnummer 12.616 aus der Oberösterreichischen Landes-Heil- und Pflegeanstalt Niedernhart[8] bei Linz, in der Luise vom 17. März 1929 bis zum 15. Oktober 1939 Patientin war. An diesem 15. Oktober 1939 wurde sie wieder in die Anstalt nach Eichberg zurücktransferiert. Am 21. Februar 1941 holte man sie von dort ab und brachte sie in die Tötungsanstalt Hadamar[9], wo nationalsozialistische Ärzte sie noch am selben Tag ermordeten.[10]

---

7   Die historischen Krankenakten von Luise Hofer aus der Landes-Heil- und Pflegeanstalt Eichberg und der Landes-Heil- und Pflegeanstalt Niedernhart befinden sich im Oberösterreichischen Landesarchiv und werden in dessen Außendepot in der Lern- und Gedenkstätte Schloss Hartheim bei Alkoven verwahrt. Ich danke Dr. Josef Goldberger vom OÖ-Landesarchiv und Mag. Peter Eigelsberger, Mag. Markus Rachbauer und Mag. Florian Schwanninger von der Lern- und Gedenkstätte Schloss Hartheim für ihre Auskünfte und die Unterstützung meiner Arbeit. https://www.schloss-hartheim.at

8   Von 1970–2015: Landes-Nervenklinik Wagner-Jauregg. Heute Neuromed Campus des Kepler Universitätsklinikums in Linz.

9   Insgesamt gab es sechs verschiedene Tötungsanstalten, die für Deutschland eine Rolle spielten: Grafeneck/Württemberg auf der Alb, Brandenburg an der Havel, Hartheim bei Linz, Sonnenstein in Pirna, Bernburg an der Saale, Hadamar bei Limburg.

10 Diese Transporte wurden von der „GeKrat" durchgeführt, kurz für „Gemeinnützige Krankentransport-Gesellschaft m. b. H." Das war ein Tarnname für die Unterabteilung der Zentraldienststelle „T4" in Berlin, welche im nationalsozialistischen Deutschen Reich für den Transport von kranken und behinderten Menschen verantwortlich war. Jede Verbindung zur „Kanzlei des Führers" sollte verschleiert werden.

Für die letzten 16 Monate, ab ihrem Rücktransport von Niedernhart nach Eichberg am 15. Oktober 1939 bis zu ihrer Ermordung in Hadamar am 21. Februar 1941, fehlen die Unterlagen fast zur Gänze.

Luises Namen findet sich erst wieder in der Opferdatenbank von Hadamar, wo ihr Todesdatum mit 21. Februar 1941 vermerkt wurde.

Sie war eines der rund 300.000 Opfer des nationalsozialistischen „Euthanasie-Programms"[11].

Die „Euthanasie" war für die Nazis der „Probelauf für den Holocaust". Mit diesem Thema wurde ich während meiner Arbeit an den historischen Krankenakten der Landes-Heilanstalt Salzburg[12] vielfach konfrontiert und ich habe mich über ein Phänomen immer wieder gewundert:

Ab September 1939 wurde der systematische Massenmord an psychisch Kranken vom NS-Regime vollzogen. Obgleich die berüchtigte „Aktion T4"[13] im August 1941 auf Grund heftiger Proteste von Angehörigen, der Zivilbevölkerung und der Kirchen eingestellt werden musste, wird das Geschehen heute verdrängt und verschwiegen. Berühmt wurden die drei im Juli und August 1941 gehaltenen Predigten des Münsterer Bischofs und Kardinals Clemens August Graf von

11 Altgriechisch „schöner Tod", Bezeichnung für die systematischen Behinderten- und Krankenmorde in der Zeit des Nationalsozialismus in den Jahren 1940 bis 1945 als Teil der nationalsozialistischen „Rassenhygiene".

12 Siehe Fußnote 1.

13 Die „Aktion T4" ist benannt nach der von der Kanzlei des Führers ins Leben gerufenen Dienststelle in der Tiergartenstraße 4 in Berlin. Sie stand für die Organisation der „Euthanasie"-Verbrechen von 1939 bis August 1941. Die Bezeichnung „T4" ist keine nationalsozialistische Tarnbezeichnung, sondern Sprachgebrauch der Nachkriegszeit. Siehe dazu: Harald Jenner: Quellen zur Geschichte der „Euthanasie"-Verbrechen 1939–1945 in deutschen und österreichischen Archiven. Ein Inventar. Im Auftrag des Bundesarchivs, o.O. 2003/2004.

Galen (1878 – 1946), die er gemeinsam mit Adolf Donders (1877 – 1944, Professor für Homiletik[14] und Domprediger in Münster) verfasst hatte.[15] Sie verbreiteten sich rasch und zwangen die NS-Machthaber, die „Aktion T4" im August 1941 offiziell zu beenden. Das Morden ging danach aber weiter. In der sogenannten „dezentralen Euthanasie" wurden in den Heilanstalten durch Medikamenten-Überdosierung – etwa mit Luminal –, durch Mangelernährung – der sogenannten Entzugskost, auch „E-Kost" genannt –, durch Verwahrlosung und Vernachlässigung bis 1945 noch Tausende weitere psychisch erkrankte Menschen ermordet.

Der in der NS-Zeit heftige Widerstand in der Bevölkerung und die offene Kritik an den Morden an psychisch Kranken steht im krassen Widerspruch zum Verschweigen, Verdrängen und Vertuschen dieser Morde in der Zeit nach 1945 bis heute. Dies geschah und geschieht ganz im Gegensatz zum Holocaust, der in der NS-Zeit von vielen gebilligt wurde, seit 1945 bis heute jedoch als kollektive Schuld anerkannt und aufgearbeitet wird.

Mir war klar geworden, dass es hier dringend nötig ist, ein anderes Bewusstsein im Umgang mit der Geschichte von Psychiatriepatienten und -patientinnen zu schaffen. Denn, solange man der Vergangenheit – auch der familiären – nicht unvoreingenommen und sachlich begegnet, wird man beim Thema psychischer

---

14 Unter Homiletik wird in der Theologie die Lehre, Geschichte und Theorie der christlichen Predigt verstanden.
15 Zur Rolle und dem Einfluss von Adolf Donders auf die 1941 gehaltenen, berühmten Predigten von Bischof Galen siehe: Hergard Schwarte, Die zwei „Türme von Münster", Clemens August Graf von Galen (1878 – 1946) und Dr. Adolf Donders (1877 – 1944), in: Katholische Bildung, Verbandsorgan des Vereins katholischer deutscher Lehrerinnen e. V., März 2006, S. 118–128.

Erkrankungen auch in der Zukunft keine Offenheit und Objektivität finden. Falsche Verletzlichkeit bis hin zur Entsolidarisierung der Nachkommen mit ihren Angehörigen hemmen und verhindern eine offene Auseinandersetzung mit diesem Thema.[16]

Bis weit in die zweite Hälfte des 20. Jahrhunderts hat man sich bedeckt gehalten, wenn man Jude/Jüdin war oder jüdische Verwandte gehabt hatte, die im Holocaust ermordet wurden. Heute ist das kein Makel mehr – im Gegenteil. Die Hoffnung besteht, dass man sich in naher Zukunft für die psychische Erkrankung einer/eines Verwandten, der von den Nationalsozialisten ermordet wurde, ebenso wenn eine psychische Erkrankung einen selbst oder einen nahen Angehörigen betrifft, nicht mehr schämt und diese Tatsache nicht zu verschleiern versucht. Eine Entstigmatisierung und Autonomie psychisch kranker Menschen muss zur Selbstverständlichkeit in unserer Gesellschaft werden. Von Jean Dubuffet (1901 – 1985), Künstler und Namensgeber der Kunstrichtung „Art Brut", stammt der berühmte Ausspruch von 1948, dass „es ebenso wenig eine Kunst von Geisteskranken gibt wie eine Kunst der Magenkranken oder der Kniekranken". Im 21. Jahrhundert muss der Umgang mit Erkrankungen der Psyche dem Umgang mit Erkrankungen der Physis endlich gleichgestellt werden.

Im Laufe meiner Nachforschungen stieß ich auf eine Frau, von der ich mir aus den wenigen verfügbaren Dokumenten allmählich ein erstes Bild machen konnte:

---

16 Siehe dazu auch: Katrin Luchsinger: Die Vergessenskurve. Werke aus psychiatrischen Kliniken der Schweiz um 1900. Eine kulturanalytische Studie, Chronos Verlag, Zürich 2016.

Luise, eine junge Frau vom Land, Ende des 19. Jahrhunderts geboren, intelligent, hübsch und mit einem starken Willen ausgestattet. Eine Frau, die von einem besseren Leben träumte, von der großen weiten Welt, von einem Leben in Frankreich, ja vielleicht sogar in Paris, an der Seite eines wohlhabenden Mannes. Und die letztendlich zum Opfer eines mörderischen Regimes in einer von Männern dominierten Gesellschaft wurde.

Ich fasste den Entschluss, das Schicksal und kurze Leben von Luise aufzuschreiben. Ich wollte von ihr erzählen, soweit man noch von ihr wusste, das Wenige überliefern, an das man sich in der Familie noch erinnern konnte. Ich wollte ihren Leidensweg schildern, der in den Krankenakten auf erschütternde Weise sichtbar wird. Ich wollte über ihr Umfeld, auch das historische, recherchieren und berichten.

Kapitel 3

HERKUNFT UND FAMILE

Luise kam als Aloysia Hofer am 3. Mai 1897 mittags um 12 Uhr 30 in der kleinen Ortschaft Petersberg, Haus Nummer 20, im oberösterreichischen Mühlviertel zur Welt. Am nächsten Morgen, um 8 Uhr 30, wurde sie getauft. Man taufte Neugeborene bis in die zweite Hälfte des 20. Jahrhunderts möglichst schnell, da die Säuglingssterblichkeit einerseits sehr hoch war und andererseits, weil die christliche Religion dem Empfang des Tauf-Sakramentes eine große Bedeutung beimaß. Kinder, die ohne den Empfang dieses Sakramentes verstarben, erhielten kein christliches Begräbnis, denn dazu fehlte ihnen die dafür notwendige Voraussetzung. Diese Kinder durften nicht innerhalb des Friedhofs beigesetzt werden, sondern sie wurden entweder auf einem abgegrenzten, abseits gelegenen Areal oder überhaupt außerhalb der Friedhofsmauern vergraben. Der christlichen Glaubensvorstellung nach kamen diese Kinder auch nicht in den erlösenden Himmel, sondern in das sogenannte „Fegefeuer", einem Ort zwischen Himmel und Hölle, wo es keine Erlösung gab.[17]

Luise war – nach Maria – die zweite Tochter des Pfeifenmachers Anton Hofer und seiner Frau Maria, geb. Pachleitner. Maria Pachleitner hatte sich vor ihrer

---

[17] Die Autorin hat einen Bruder, der 1948 wegen einer nicht rechtzeitig erkannten Rhesus-Unverträglichkeit unmittelbar nach der Geburt verstarb. Trotz „Nottaufe" durch seine Eltern durfte der kleine Andreas nicht auf dem Dorffriedhof christlich bestattet werden und erhielt keine würdige Grabstätte.

Hochzeit am 26. November 1888 von Bauernhof zu Bauernhof als Magd verdingt.

Eine Fotografie zeigt den Vater Anton Hofer als jungen Mann, in der Uniform eines Infanteristen oder Jägers im Rang eines gemeinen Soldaten, mit einer Schützenauszeichnung. Leider erkennt man die Farbe des Spiegels und des Brustbehanges seiner Uniform nicht. Rot würde für die Infanterie stehen, grün für ein Jägerbataillon.[18] Anton Hofer hatte wie alle Männer seiner Zeit einen dreijährigen Militärdienst zu leisten. 1868 war in Österreich die Allgemeine Wehrpflicht eingeführt worden. Seitdem war das Ansehen der Soldaten und der Selbstwert des wehrpflichtigen Mannes enorm gestiegen. Junge Männer waren stolz darauf, ihrem Vaterland zu dienen und es gegebenenfalls verteidigen zu können. Wie angesehen das Militär geworden war, wird auch auf diesem Foto sichtbar. Man kann erkennen, mit welcher Würde Anton seine Uniform getragen hat. Ja, für viele Männer dieser Epoche war die Uniform zu einem respektablen und den männlichen Körper schmückenden Kleidungsstück geworden.

Eine zweite Fotografie zeigt die Mutter, Maria Hofer. Sie wirkt auf dem Foto abgearbeitet und sieht älter aus als ihr Mann. Sie trägt die Mühlviertler Festtagstracht mit dem traditionell gebundenen schwarzen Seidentaft-Kopftuch.

Am 15. März 1900 wurde ihr einziger Sohn Josef geboren (†1977). Er sollte, wie sein Vater, Pfeifenmacher werden.

---

18   Ich danke Leopold Kudrna für die Auskunft.

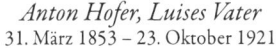

Anton Hofer, Luises Vater
31. März 1853 – 23. Oktober 1921

Maria Hofer, Luises Mutter
23. August 1867 – 12. Juli 1941

Die Familie zog nach St. Johann am Wimberg, in eine kleine Gemeinde mit rund 1000 Einwohnern, keine zwei Kilometer von Petersberg entfernt. Die neue Adresse lautete nun St. Johann am Wimberg Nr. 49. Dort wurde am 29. Oktober 1908 das jüngste Kind, Katharina, genannt Käthe, geboren († 23. Jänner 1986).

Erst spät, im Jahr 1937, heiratete der Sohn, Josef, Maria Kepplinger (16. März 1909 – 17. Oktober 1999). Sie bekamen zwei Söhne, Walter (*10. März 1940) und Josef, genannt Pepi (*17. März 1945).

Katharina (Käthe), die jüngere Schwester von Luise, heiratete Johann Gerstberger (18. November 1896 – 17. Oktober 1967) und bekam drei Töchter. Die Jüngste, Renate, sollte für viele Jahre die Erwachsenenvertreterin für ihre beiden Cousins Walter und Pepi werden.

Über die Kindheit und Jugend von Luise konnte mir Renate keine Auskunft geben. Ihre Mutter, Käthe, war um elf Jahre jünger als ihre Schwester Luise. Sie hatte keine Erinnerungen an ihre Schwester aus der Zeit, als diese noch zu Hause gewohnt hatte. Das legt die Vermutung nahe, dass Luise ihr Elternhaus schon sehr früh verlassen hat, um eine Dienststelle in der Fremde anzutreten.

Kapitel 4

WIESBADEN, DAS RHEIN-
LAND UND ANDRÉ

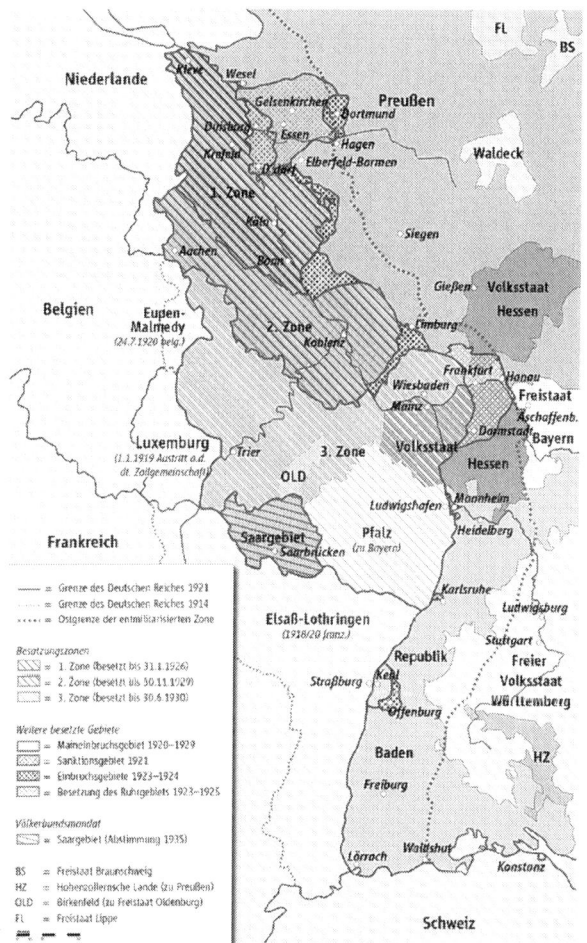

Alliierte Rheinlandbesetzung nach dem Ersten Weltkrieg.
(Wikipedia, abgerufen 28. Juli 2022.)

Wie wir wissen, verschlug es Luise als junges Mädchen ins damalige Rheinland nach Wiesbaden –heute die Landeshauptstadt von Hessen –, wo sie eine Arbeit als Hausmädchen annahm. Wann genau sie diese Stelle antrat, ist nicht bekannt.

Anfang des 20. Jahrhunderts war eine höhere Ausbildung für Mädchen – speziell in ländlichen Gebieten wie dem Mühlviertel – nicht vorgesehen. Oft arbeiteten sie auf dem elterlichen Hof unentgeltlich als Hilfskraft und erledigten die Arbeit einer Magd. Sie sollten möglichst bald einen begüterten Bauernsohn finden und heiraten, um wirtschaftlich versorgt zu sein. Zahlreiche Mädchen zog es aber auch vom Land in die Städte, wo sie einen Posten als Dienstmädchen annahmen. Damit fielen sie ihren Eltern nicht mehr zur Last. Man kann in den letzten Jahrzehnten des 19. und Anfang des 20. Jahrhunderts von einer Land-Stadt-Wirtschaftsmigration sprechen. In den Städten beschäftigte ein großbürgerlicher Haushalt um 1900 nicht nur ein Mädchen für alles, sondern hatte in der Regel mehrere Dienstboten, die verschiedenste Aufgaben erfüllten. So hatte man einen Hausdiener, eine Wirtschafterin, eine(n) Hauslehrer(in), ein Kinder- und ein Stubenmädchen, eine Köchin und einen Kutscher. Die meisten dieser Angestellten kamen vom Land und waren billige Hilfskräfte. Ihre Arbeit war hart, ihre Dienstzeit legten die Herrschaften fest, meist betrug sie mehr als zwölf Stunden täglich, von sechs Uhr früh bis zehn Uhr abends. Zudem waren viele junge Frauen der sexuellen Willkür ihrer Dienstherren und derer Söhnen ausgeliefert. Wurde ein Mädchen schwanger, entließ man es ohne jede Versorgung. Sie wurden mit ihrer „Schande" allein gelassen.

Die Stellenvermittlung kam häufig über eine Anzeige in einer Zeitung zustande, oft auch über Mundpropaganda.

Luise muss wohl auf einem dieser Wege von dem Stellenangebot für ein Hausmädchen in einer wohlhabenden Familie in Wiesbaden erfahren haben. Das Arbeiten im Haushalt dürfte sie von zu Hause gewohnt gewesen sein, wo alle mithelfen mussten, besonders die beiden älteren Töchter Maria und Luise.

Es ist denkbar, dass Luise bereits vor Ausbruch des Ersten Weltkrieges ihr Heimatdorf verlassen hat, da sie – wie damals üblich – nur acht Jahre Volksschule absolviert hatte, 1914 bereits siebzehn Jahre alt war und eine Stelle als Hausmädchen problemlos ausfüllen konnte. Wahrscheinlich ist Luise sogar einige Jahre früher, also bereits ab 1911 in den Dienst eingetreten.

Dafür spricht vor allem auch die wirtschaftliche Situation der Stadt Wiesbaden vor 1914. Wiesbadens Bedeutung als Kurstadt blickte auf eine lange Geschichte zurück. Im 19. Jahrhundert gewann sie immer größeres Ansehen. Die Zahl der Kurgäste stieg von 20.000 im Jahr 1840 auf das Zehnfache im Jahr 1910, die Einwohnerzahl stieg im selben Zeitraum von 10.000 auf über 100.000. Wiesbaden war zur bedeutendsten Kurstadt Deutschlands mit internationalem Ruf geworden. 1907 eröffnete Kaiser Wilhelm II., der jedes Jahr hier zu Besuch weilte, den prachtvollen Neubau des Kurhauses. Eine große Anzahl von Millionären und wohlhabenden Pensionisten unter den Einwohnern brachten hohe Steuereinnahmen und eine immense Kaufkraft. Die zahlreichen Kurgäste brachten jährlich zusätzlich reichliche Devisen. Der Erste Weltkrieg beendete diesen Höhenflug und traf die Stadt hart. Der Kurbetrieb brach zusammen. Während im letzten Friedensjahr 1913 noch 192.108 Gäste die Stadt besuchten, waren es 1919 nur noch 67.712.[19]

Statt wohlhabender Kurgäste kamen nun verwundete und kranke Soldaten. Nach dem Waffenstillstandsabkommen vom 11. November 1918 wurde das Rheinland und damit auch Wiesbaden von alliierten Truppen besetzt. Damit sollte die Sicherheit Frankreichs gegenüber dem alten Feind Deutschland gewährleistet werden.[20] Am 13. Dezember 1918 marschierten die ersten französischen Truppen in die Stadt ein. Dieser Umstand machte die Kurstadt für deutsche Gäste unattraktiv. Wiesbaden erlebte einen weiteren wirtschaftlichen Niedergang.

Zwischen 1921 und 1923 kamen zahlreiche französische Kurgäste, die sich in Wiesbaden sehr wohl fühlten. 1923 kam es zu Unruhen in der Stadt, Separatisten versuchten die Rheinische Republik auszurufen, was nicht gelang. 1925 wurden die französischen Truppen vermehrt aus Wiesbaden abgezogen, und am 30. Dezember 1925 wurde die Stadt von den Franzosen an die Briten übergeben, denen die Bevölkerung mit einer größeren Akzeptanz als dem „Erbfeind" Frankreich entgegenkam.

Diese politische und gesellschaftliche Situation erlebte Luise in Wiesbaden. Sie dürfte bei einer gut situierten Familie in Stellung gewesen sein. Über ihren Dienstgeber und über die Familie, bei der sie gearbeitet

---

19   Siehe dazu: Herbert Müller-Werth: Geschichte und Kommunalpolitik der Stadt Wiesbaden, F. Steiner Verlag, Wiesbaden 1963, S. 136.
20   Die eigentlich auf 15 Jahre stationierten Truppen wurden zum 30. Juni 1930 vorzeitig abgezogen, wodurch es zu einer Entmilitarisierung des Rheinlandes kam. Hitler ließ seine Truppen 1936 im Rheinland einmarschieren, es gab kein Einschreiten Frankreichs.

hat, ist nichts Näheres bekannt. Kam Luise schon vor Ausbruch des Krieges nach Wiesbaden, so scheint sie ihren Arbeitsplatz trotz aller wirtschaftlichen und menschlichen Katastrophen auch während der Kriegsjahre behalten zu haben. Am 23. Oktober 1918 wurde die Stadt von sieben Bomben getroffen, die dreizehn Menschen töteten.

Auch Wiesbaden erlebte – trotz Kriegsende, Inflation, Wirtschaftskrise und dem Vorabend der Nazi-Diktatur – die „Golden Twenties".

Renates Mutter beschrieb ihre Schwester Luise als hübsche junge Frau mit pechschwarzen Haaren und hellgrünen Augen. Sie sei sehr lebenslustig gewesen, abends gerne ausgegangen und habe das gesellschaftliche Leben der Großstadt genossen, soweit es ihr möglich war.

Irgendwann nach dem 13. Dezember 1918 kam Luise in Kontakt mit Angehörigen des französischen Militärs und verliebte sich in einen Offizier. Er hieß André und wurde zur großen Liebe ihres Lebens. Luises Schwester Käthe erzählte später, dass André ein gut aussehender, stattlicher Mann gewesen sein soll, mit dunklen Haaren und dunklen Augen. Er hatte, wie es einem Offizier zustand, einen eigenen Burschen, der ihm diente. Luise gab ihre Stelle als Hausmädchen auf und zog zu André in seine Dienstwohnung in Wiesbaden. Das war vermutlich 1921/1922. Er sorgte von nun an finanziell für sie, und sie führte ihm den Haushalt. Damit war sie offiziell seine Geliebte. André kam aus einer wohlhabenden, vornehmen, adeligen Familie in Frankreich. Es hat sich eine quadratische, weiße Leinentischdecke, 64 x 64 cm, mit seinem eingestickten Monogramm erhalten. Sie kam aus dem Eigentum von Luise in den Besitz ihrer jüngeren Schwester Käthe. Das Monogramm zeigt in barocken Lettern die Anfangsbuchstaben „A" – für André – und darüber zentriert ein „B" – für den Familiennamen, mit rotem Faden auf das weiße Leinen gestickt. Darüber eine Krone mit neun Perlen, das Zeichen für den Adelsstand eines Grafen, in Frankreich eines Comte.

André verwöhnte seine Geliebte und machte ihr wertvolle Geschenke – so schenkte er ihr Perlenohrringe, eine Perlenkette, Ringe, goldene Uhren, eine weiße Polarfuchsstola. Das sind Dinge, die sich Luise als einfaches Dienstmädchen niemals hätte leisten können. Das Paar muss 1924 oder Anfang 1925 von Wiesbaden nach Höchst bei Frankfurt umgezogen sein. Als ihre letzte Adresse wird im Dezember 1925 „Höchst am Main, Rathenaustraße 8/II"[21] angegeben.

Die Rathenaustraße in Höchst am Main, heute Hostatostraße, historische Fotografie aus der Zeit der französischen und britischen Besatzung 1918–1930.
(M. Jacobs Kunstanstalt, Frankfurt a. M.)

Luise, die anfangs kein Wort Französisch gekonnt hatte, erlernte die Sprache während ihres Aufenthaltes im besetzten Rheinland rasch und mühelos. Dies zeigt,

---

21 Die Rathenaustraße wurde nach der Eingemeindung von Höchst 1928 in „Hostatostraße" umbenannt. Ich danke Tobias Picard, MA., vom Magistrat Frankfurt am Main, Institut für Stadtgeschichte, für diese Auskunft.

wie intelligent und begabt Luise war, obwohl sie nur eine geringe Schulbildung erfahren durfte.

Nach Käthes Schilderungen scheint Luise in der Verbindung mit André ihr großes Glück gefunden zu haben. 1923 besuchte sie ihre ältere Schwester für zwei Monate in Wiesbaden. Für die Fünfzehnjährige waren diese Wochen in der Erinnerung „die schönsten ihres Lebens", wie sie ihrer Tochter Renate später immer wieder erklärte. Sie berichtete, dass ihre Schwester Luise fließend französisch gesprochen habe. Sie habe geraucht und sei sehr elegant, ja mondän aufgetreten. Ihr Haushalt sei vom Feinsten gewesen und es sei dort überaus vornehm zugegangen. So habe man bei Tisch stets Stoffservietten benutzt. Luise und André hätten zahlreiche Abendgesellschaften gegeben, zu denen auch Offizierskameraden von André eingeladen gewesen seien.

Während ihres Besuchs habe Luise ihrer Schwester einen Stoffballen aus Leinen gezeigt und dazu gesagt: „Darin ist mein Besitz und alles, was ich mir erarbeitet habe." Denn in diesem Ballen hatte sie ihr Geld und ihren Schmuck eingerollt und verwahrte ihn sorgsam.

Nach und nach erfuhr ich weitere Details der tradierten Familiengeschichte.

So berichtete Käthe nach ihrem Besuch in Wiesbaden, dass Luise durchaus auch sehr streng sein konnte und großen Wert auf Etikette gelegt habe. Das war Käthe besonders von den Abendgesellschaften in Erinnerung geblieben, an denen sie teilnehmen durfte. Sie erinnerte sich auch daran, dass Luise den Burschen von André immer wieder gemaßregelt habe. Sie muss ihn in der Folge so sehr beleidigt haben, dass er seinen Offizier und dessen Geliebte bei der französischen Militärbehörde denunzierte. Die Konsequenzen waren schwerwiegend. André wurde 1925 nach Marokko in den Rif-Krieg[22] strafversetzt.

Dieser unmittelbare und alleinige Zusammenhang, dass es sich hier um eine reine Strafversetzung gehandelt haben soll, stellte sich nach meinen Recherchen als eher unwahrscheinlich heraus.

Tatsache ist, dass 1925 die Versetzung französischer Truppen vom Rheinland nach Marokko alles andere als ein Einzelfall war. Im Laufe dieses Jahres wurden mehrere Divisionen der französischen Armee mit tausenden Soldaten vom Rhein nach Marokko verlegt. Die Lage in Marokko machte 1925, mit dem direkten Kriegseintritt Frankreichs an der Seite Spaniens, die Versetzung eines großen Teils der Truppen aus dem Ruhrgebiet und dem Rheinland notwendig, und die Stationierung der französischen Soldaten in Deutschland wurde bis zum Ende der 20er Jahre immer weiter reduziert.

Wahrscheinlich war die Liebesgeschichte zwischen der Österreicherin Luise und dem französischen Offizier André nicht der einzige Grund für die Versetzung gewesen, vielleicht war sie nur der unmittelbare Auslöser oder hat die Versetzung beschleunigt.[23]

---

22   Der Rif-Krieg, auch „Zweiter Marokkanischer Krieg", tobte von 1921–1926. Ab 1925 besetzten 250.000 Mann, unter Marschall Pétain, die Gebiete in Französisch-Marokko und unterbanden die Versorgung der Rif-Kabylen-Republik mit Lebensmitteln. Völkerrechtswidrig wurde gegen das im Juni 1925 unterzeichnete Genfer Protokoll verstoßen,indem von den spanischen Truppen in Deutschland produziertes Senfgas eingesetzt wurde.
23   Ich danke Dr. Jürgen Finger und Kaja Antonowicz vom Deutschen Historischen Institut in Paris für diese Auskunft und ihre Unterstützung meiner Recherche.

Aus den späteren Notizen in der Krankengeschichte der Landes-Heil- und Pflegeanstalt Eichberg ist zu erfahren, dass es nach Andrés Abreise zu einem verhängnisvollen und folgenschweren Vorfall mit einem Revolver kam, den André in der Wohnung zurückgelassen hatte. Vielleicht hatte er ihn vergessen, vielleicht überließ er ihn Luise auch bewusst mit der Absicht, sich notfalls damit verteidigen zu können.

Jedenfalls wurde Luise eines Nachts im November 1925 in ihrer Wohnung überfallen. Die Glasscheibe der Wohnungstüre wurde eingeschlagen und eine Person – vermutlich ein Mann – drang in die Wohnung ein. Luise soll sich heftig gewehrt haben und erhielt dabei einen Schlag auf den Hinterkopf, durch den sie das Bewusstsein verlor. Nach diesem Einbruch und Überfall litt Luise unter Angstzuständen, sie bekam Panikattacken, besonders nachts. Sie sah Gestalten vor der Verglasung ihrer Wohnungstüre und vor ihrem Fenster. Eines Abends zertrümmerte sie in ihrer Panik Gegenstände und griff zu Andrés Revolver, lief auf die Straße hinaus und schoss damit um sich. Luise wurde festgenommen und in das Städtische Krankenhaus in Höchst[24] eingeliefert.

Dieses Aufsehen erregende Ereignis brachte André in große Bedrängnis. Als Militärangehöriger war er zwar berechtigt, auch privat eine Waffe zu besitzen. Er war aber verpflichtet, diese Waffe so aufzubewahren, dass sie nicht missbräuchlich verwendet werden konnte.

André war zu diesem Zeitpunkt in Touanate, in der Umgebung von Fez, stationiert – einem Gebiet, das 1925 Schauplatz heftiger Gefechte war. Die

---

24 Das Städtische Krankenhaus befand sich 1925 in der Hospitalstraße, also am jetzigen Standort des Klinikums.

Militärbehörde stellte ihn vermutlich zur Rede, wie seine Waffe unbefugt in die Hände einer – noch dazu „feindlichen" – Zivilistin kommen konnte.

Er reagierte ungehalten und telegrafierte am 1. Dezember 1925 an Luise „je defends toucher me se {sic!} affaires pendant mon absence andre" [„ich verbiete, meine persönlichen Gegenstände während meiner Abwesenheit anzurühren"].

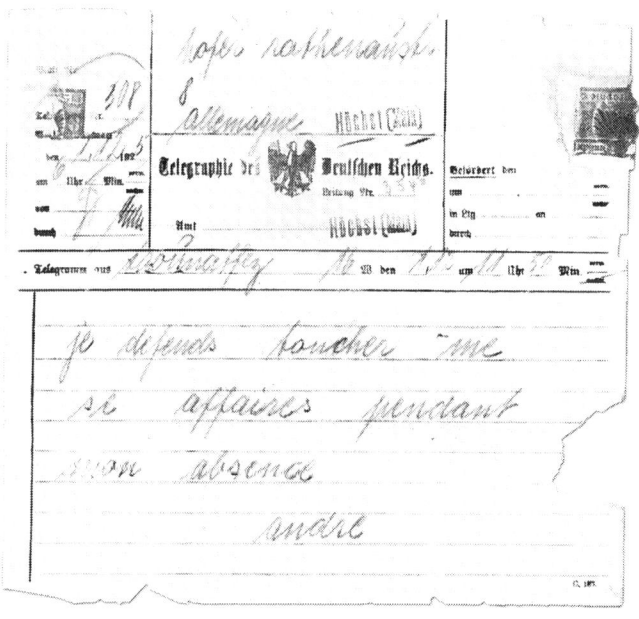

Telegramm von André an Luise, aus Toounatfez, Marokko,
vom 1. Dezember 1925, 19,5 x 21,5 cm
(Oberösterreichisches Landesarchiv, Bestand: Wagner-Jauregg-Krankenhaus, Luise Hofer, Stammnummer: 12.616).

Dieses Telegramm ist, neben einem leeren Briefkuvert mit dem Poststempel vom 15. November 1925, in den Krankenakten von Luise erhalten geblieben.

Briefkuvert von André an Luise aus Marokko, Poststempel:
POSTE AUX ARMEES, 15.11.1925, 9,6 x 16,6 cm
(Oberösterreichisches Landesarchiv, Bestand: Wagner-Jauregg-Krankenhaus,
Luise Hofer, Stammnummer: 12.616.)

Beide Schriftstücke sind an die letzte gemeinsame Wohnadresse in der Rathenaustraße 8/II in Höchst am Main adressiert. Während das Telegramm diktiert worden war, zeigt das Kuvert vermutlich Andrés Handschrift. Die Briefmarke am Kuvert wurde entfernt. Leider ging der darin enthaltene Brief verloren, er könnte über Andrés weiteres Schicksal Auskunft geben.

Luise hatte ihrer Familie vermutlich in Briefen oder Telegrammen von dem Einbruch und dem Überfall berichtet. Es ist nichts davon erhalten geblieben. Sie hatte den Burschen von André im Verdacht, denn er wusste von den Wertgegenständen – dem Schmuck und dem Bargeld –, die sie in der Wohnung aufbewahrte. Ob und was davon genau gestohlen wurde, ist nicht überliefert.

Kapitel 5

LANDES-HEIL- UND PFLEGE-ANSTALT EICHBERG IM RHEIN-GAU – 1. AUFENTHALT

Nach diesem verhängnisvollen Zwischenfall war Luise in das Städtische Krankenhaus in Höchst gebracht worden.

Nach acht Tagen, am 5. Dezember 1925, wurde sie von dort in die die Landes-Heil- und Pflegeanstalt Eichberg im Rheingau[25] verlegt. Dort blieb sie bis zum 16. März 1929, dem Datum ihres Weitertransportes nach Niedernhart.

Damit begann der lange Leidensweg von Luise. Sie war gerade 28 Jahre alt.

Sie sollte den Rest ihres Lebens – über fünfzehn Jahre lang – in Heilanstalten verbringen.

Sie wurde 44 Jahre alt.

Im Krankenakt der Landes-Heilanstalt am Eichberg lauten Luises erste Diagnosen Katatonie[26] und Hysterie-Stupor[27]. Auch die weiteren Diagnosen in ihren Krankenakten aus den folgenden vierzehn Jahren sind unterschiedlich und zeigen einerseits eine gewisse Unsicherheit der behandelnden Ärzte, andererseits, dass sich die medizinisch-psychiatrische Fachterminologie im Laufe der Jahre mehrfach geändert hat. Diagnostiziert wurde Katatonie, Hysterie-Stupor, Verblödungsirresein, Endstadium einer Schizophrenie, Epilepsie, Geisteskrankheit.

---

25 Landesheilanstalt Eichberg, Hessen / Gedenkort T4 (gedenkort-t4.eu)
26 Äußert sich in einer unnatürlich, stark verkrampften Haltung des ganzen Körpers.
27 Stupor ist ein Zustand psychischer und motorischer Erstarrung.

Fest steht, Luise hatte sich mit Syphilis[28] angesteckt. Ein Blutbefund bei einem im August 1936 in
Niedernhart durchgeführten Wassermann-Test[29] wies
den Syphilis-Erreger nach.

Die Diagnose einer progressiven Paralyse, der Spät-
form der Neurosyphilis, findet sich in ihren Krankenakten allerdings nicht.

Was wissen wir über die Situation in der Landes-Heil-
und Pflegeanstalt am Eichberg in den Jahren 1925
bis 1929? Wie ging man dort mit den Patienten und
Patientinnen um, welche Therapieansätze gab es?

Allgemein darf man sagen, dass die Psychiatrie im
19. Jahrhundert in ihren Kinderschuhen steckte. Die
Psychiatrie-Geschichte begann im engeren Sinn mit der
Aufklärung im 18. Jahrhundert. Erst Ende des 19. Jahrhunderts wurde die Psychiatrie als akademische Wissenschaft anerkannt.

Im Oktober 1849 war die Heil- und Pflegeanstalt
Eichberg im Rheingau neu eröffnet worden. Errichtet
in einer ruhigen, landwirtschaftlichen Gegend galt sie
als eine der am schönsten gelegenen „Irrenanstalten"
Deutschlands. Die verantwortlichen Ärzte hatten sich
im eigenen Land und in Nachbarländern umgesehen,
um Erfahrungen in der Behandlung psychisch kranker
Menschen zu sammeln und Verbesserungsvorschläge
einzubringen. Man bemühte sich um Aufklärung in der

---

28 Syphilis ist eine chronische Infektionskrankheit, die zu den sexuell
    übertragbaren Erkrankungen gehört. Galt die Krankheit lange als
    unheilbar, so ist sie heute durch die Gabe von Antibiotika, u. a.
    Penicillin, heilbar. Unbehandelt erfolgt der Krankheitsverlauf in
    mehreren Stadien. Das Endstadium der Syphiliserkrankung wird als
    Progressive Paralyse bezeichnet.
29 Serologischer Test zum Nachweis des Syphilis-Erregers, 1906 vom
    deutschen Immunologen und Bakteriologen August Paul von Was-
    sermann (1866 – 1925) veröffentlicht.

Bevölkerung darüber, dass die Patienten und Patientinnen nicht schuldhaft oder sündhaft erkrankt seien und wollte damit Berührungsängste abbauen. In der zweiten Hälfte des 19. Jahrhunderts setzte man auf einen humanen und vorurteilsfreien Umgang mit den Kranken. Straf- und Disziplinierungsmaßnahmen sollten nur in Ausnahmefällen angewendet werden. Neben Bäder- und Bettbehandlung führte man erfolgreich die aus England kommende Arbeitstherapie ein, ebenso arbeitete man zum Teil erfolgreich mit der sogenannten Malaria-Therapie – nicht nur bei Menschen, die an progressiver Paralyse litten, sondern auch bei akuten Psychosen.[30]

Alle diese Vorsätze verlor man aber durch die Folgen des Ersten Weltkrieges allmählich wieder aus den Augen, als sich die Lage in den Heil- und Pflegeanstalten drastisch veränderte. Zahlreiche Soldaten waren psychisch schwer traumatisiert aus dem Krieg nach Hause gekommen und mussten in Anstalten eingeliefert werden. Dazu kam die beginnende Wirtschaftskrise, die schwierige Ernährungslage, die zahlreiche Familien zwang, in die Städte und an Industriestandorte zu ziehen, um dort Arbeit zu suchen. Damit war es oft nicht mehr möglich, Alte und Kranke – auch psychisch Kranke – in den Familien zu behalten, um sie dort zu betreuen und zu pflegen. Man brachte sie in Heime, weil die Angehörigen die Pflege nicht übernehmen konnten, ja teilweise schob man sie dorthin auch ab.

Die Überbelastung der Heime hatte bereits um die Jahrhundertwende zu vermehrten wissenschaftlichen

---

30 Siehe dazu: Christina Vanja, Steffen Haas, Gabriela Deutschle, Wolfgang Eirund und Peter Sandner (Hrsg.): Wissen und Irren. Psychiatriegeschichte aus zwei Jahrhunderten – Eberbach und Eichberg, Landeswohlfahrtsverband Hessen, Kassel 1999, Seite 142ff.

Veröffentlichungen geführt, in welchen die Autoren für Zwangssterilisationen und „Euthanasie" eintraten. Die Reformversuche der vergangenen Jahrzehnte machten einer zunehmenden Radikalisierung gegenüber psychisch Kranken und Außenseitern der Gesellschaft Platz. Diese Einstellung kanalisierte sich in den 1930er Jahren in der nationalsozialistischen Rassen-Ideologie, deren Folgen im NS-Gesetz zur Zwangssterilisation psychisch Kranker und in der Ermordung Tausender Menschen mündeten. Eine Tendenz wurde zur traurigen Gewissheit: „Gerade die engagierten Reformpsychiater zeigten sich besonders anfällig für rassenhygienisches Gedankengut."[31]

Die Eugenik – auch „Erbgesundheitslehre" – ging von dem Ansatz aus, dass die Weitergabe von krankem Erbgut nur über die Verhinderung der Fortpflanzung zu stoppen sei. Erst gegen Ende des 20. Jahrhunderts gelang es der Wissenschaft, durch DNA-Sequenzierung das Genom[32] von Organismen zu analysieren, wodurch es gelang, Reparaturmechanismen im Erbgut zu erkennen und genetisch bedingte Erbkrankheiten besser zu erforschen.

Luise kam in einer Zeit in die Anstalt am Eichberg, in der sich die Ärzte und Pflegerinnen trotz aller vorhandenen Probleme noch durchaus um das Wohl der Patientin bemühten. Man wollte helfen, ihren Zustand verbessern und sie unterstützen. Die Ärzte versuchten, die akuten Phasen ihrer Krankheit abzufangen oder

---

31 a.a.O. Wissen und Irren, S. 158.
32 Das Genom, auch Erbgut genannt, umfasst alle in einer Zelle vorhandenen Erbinformationen. Das menschliche Genom wurde erst Anfang des 21. Jahrhunderts vollständig entschlüsselt. Diese Erkenntnisse dienen als Grundlage für weitere Forschungen.

zumindest zu begleiten. Man spürt in den Einträgen der Krankengeschichte die Erleichterung, wenn es Luise wieder besser ging, wenn sie ruhiger wurde, wenn sie etwas an Gewicht zunahm und am Alltagsleben der Anstalt zumindest am Rande teilnehmen konnte.

Im Anamnese-Bogen ihrer Krankengeschichte finden sich folgende Einträge[33]:

Abschrift
Landes-Heil u. Pflege-Anstalt Eichberg
Im Rheingau, Post Hattenheim.

N=11.318   *Katatonie.*
Hofer Luise
Aufgenommen am 5.12.1925, geboren in St. Johann in OÖ., zuletzt Höchst am Main / Rathenaustr. 8 resp. Krankenhaus Höchst am Main, geb. 4.5.1897 in St. Johann, OÖ, ledig, katholisch (?), seit mehreren Wochen krank, erblich nicht belastet, nicht vorbestraft, keine körperlichen Missbildungen, am 16. März 1929 ungeheilt nach Niedernhart O.Ö. transferiert.
Laut Fragebogen seit etwa 3 Wochen zurückgezogenes, menschenscheues Wesen. Verweigerung der Nahrungsaufnahme. Vor 8 Tagen plötzlicher Erregungszustand, zertrümmerte Gegenstände und schoss mit einem Revolver um sich. Bei der Krankenhausaufnahme Stupor[34]. Spricht kein Wort, zeigt sich jedoch über ihre Umgebung orientiert, ist gedrückt ängstlich, schwermütig, zeitweise gleichgültig teilnahmslos, stumpf. Zeitweise unruhig, erregt, schreit, glaubt sich verfolgt, glaubt Personen am Fenster zu erkennen – besonders nachts. Will zeitweise davonlaufen.

33   Siehe Fußnote 7.
34   Siehe Fußnote 27.

Diagnose: **Hysterie-Stupor.** *Höchst am Main, am 5. Dezember 1925. Dr. Auer, e.V. und Dr. Bastian, e.V.*

Anamnese:

5.12.1925:   *Kommt aus dem Städt. Krankenhaus Höchst am Main.*
Stupurös. Beobachtung.

11.1.1926:   *Kommt mit ratlosem Gesichtsausdruck ins Untersuchungszimmer. Lässt sich ohne Widerstand ins Bett setzen. Sieht den Arzt abulisch [willenlos] an. Wie lange hier? Ich weiß nichts. Monat? Jänner +. Jahr: 1925. Neujahr? – 26. – . Wo kommen Sie her? – Wiesbaden? Nein. Die Antworten werden äußerst zögernd gegeben. Mit Revolver geschossen? – In Höchst in Stellung? – Heben linken Arm hoch – . Versucht ganz leicht zu heben. Lässt bald davon ab. – Wieviel Finger? Herr Oberarzt, es ist mir schwer zu antworten, ich weiß gar nicht, was das hier soll. – Entlassen! – Verstehen deutsch gut? Ja. – Verlobt? – . Hält die Hände in gezwungener Haltung auf den Bettlaken. –*

21. 1. 1926:   *Eine Verständigung mit der Kranken ist nicht möglich. Sie gibt zwar nach längerem Zaudern die Hand, liegt aber sonst völlig mutazistisch[35] im Bett. Nahrungsaufnahme schlecht. Ist zeitweise unruhig und versucht außer Bett zu gehen. –*

---

35 Wohl von „mutistisch", medizinische Bezeichnung für „stumm".

(Oberösterreichisches Landesarchiv, Bestand: Wagner-Jauregg-Krankenhaus, Luise Hofer, Stammnummer: 12.616.)

Eine Verständigung mit der Kranken ist weder den Ärzten und noch dem Pflegepersonal möglich, Luise zeigt keinerlei Reaktion, nur manchmal scheint sie auf Fragen die Lippen zu bewegen, als wenn sie Antwort geben wollte. Luise ist sehr abweisend, unruhig, zerreißt sich ihre Kleider, ist unrein. Sie muss zum Essen angehalten werden und auch dann isst sie kaum etwas. Im August 1926 wiegt sie 44,5 kg.

Neben den unruhigen, erregten Phasen hat Luise auch ruhigere Tage, an denen sie bei der Arbeit hilft, stickt oder Näharbeiten ausführt.

Anfang Februar 1927 wird Luise zunehmend gewalttätiger, sie schlägt und verprügelt mehrfach andere Kranke. Sie halluziniert ständig und *„wird wegen ihrer Gewalttätigkeit auf Abteilung IV verlegt"*, was wohl bedeutet, dass man sie isoliert hat. Danach geht es ihr wieder besser und sie ist ruhiger. Wenn man ihr Fragen stellt, gibt sie keine Antwort, *„ab u. zu erfolgt aber auf die Frage eine beziehungslose Antwort in französischer Sprache"*.

Dass Luise französisch spricht, wird in ihren Krankenakten mehrfach erwähnt. Leider kam in der Anstalt in Eichberg niemand auf den Gedanken, sich mit ihr auf Französisch zu unterhalten, um auf diesem Weg vielleicht einen Zugang zu ihr zu finden. Und das, obwohl sich in ihrem Krankenakt zumindest ein an sie gerichteter Brief und ein Telegramm in französischer Sprache befanden. Diese Tatsache ist auch deshalb so befremdend, weil das Rheinland jahrelang von französischen Militärs besetzt gewesen war und man mit der französischen Sprache – zumindest teilweise – vertraut gewesen sein muss.

Am 1. März 1927 wurde in ihrem Krankenakt - mit
rotem Farbstift unterstrichen - notiert:

Wird heute mit Malaria [36] geimpft.

Über den weiteren Verlauf der Malariakur ist in Luises
Krankenakt zu lesen:

*1. 4. 27: Hat ganz regelmäßig gefiebert. In der letzten Zeit
wurden die Zwischenräume länger. Nach 15 Zacken Abbre-
chen des Fiebers. Hat das Fieber gut vertragen, besser als erwartet wurde. Hatte nur immer ein sehr blasses Aussehen. Erhielt
dauernd Excitantin[37]. Musste zum Essen gedrängt werden. –
1. 5. 27: Im stuporischen Befinden ist nach der Kur keine
wesentliche Änderung eingetreten. Wohl war sie in der ersten
Zeit freier. Doch bezog sich das freiere Benehmen mehr auf das
motorische Verhalten. Die sprachlichen Äußerungen blieben
spärlich oder sie fehlten ganz. Jetzt ist das Verhalten dasselbe
wie früher. Nur hat sich die Nahrungsaufnahme gebessert.
Gewicht: 42,5 kg –*

*5.7.27: Die Malariakur ist ohne Dauererfolg gewesen. Die
Kranke ist zeitweise unter Einfluss von
Sinnestäuschungen sehr erregt, wird auch noch oft gewalttätig.
Unterhaltung nicht möglich.*

*Auch impulsive Handlungen. Gute Nahrungsaufnahme.
Gewicht: 44. – kg.*

---

36 Die Malariatherapie wurde bei verschiedenen Krankheiten eingesetzt, sie war vor der Antibiotika-Ära die einzige wirksame Therapie
bei Progressiver Paralyse, einem Spätstadium der Syphilis. Durch die
erzeugten Fieberschübe sollten die sich im Blut befindenden Erreger
abgetötet werden. Ihr Entdecker war Julius Wagner-Jauregg (1857
– 1940), Direktor der Niederösterreichischen Landesheil- und Pflegeanstalt für Nerven- und Geisteskranke in Wien. Er veröffentlichte
seine Therapiemethode durch Einimpfung von „Malaria tertiana"
bereits 1917 und erhielt 1927 dafür den Nobelpreis für Medizin.
Dabei handelt es sich um eine der eher gutartigen und mild ver-
laufenden Formen der Malaria. Im Vergleich zur „Malaria tropica"
kommen bei der „Malaria tertiana" ungleich seltener Komplikatio-
nen oder lebensgefährliche Zustände vor.

37 „Exzitans" ist ein Herz, Kreislauf, Atmung und Nerven anregendes,
belebendes Arzneimittel.

(Oberösterreichisches Landesarchiv, Bestand: Wagner-Jauregg-Krankenhaus,
Luise Hofer, Stammnummer: 12.616.)

Zu den Hintergründen, warum man Luise gegen Malaria geimpft hat, erfahre ich: „Auf dem Eichberg wurde erst relativ spät – mutmaßlich 1925 – mit der Malariatherapie begonnen; sie fand erstmals in der Anstaltschronik von 1926 Erwähnung." Eine zweite aufschlussreiche Information der 1926er Anstaltschronik war folgende: „Die Malariabehandlung wurde außer bei Paralyse auch bei akuten Psychosen mit Vorsicht und Auswahl angewandt, hier und da mit gutem Erfolg." Berichtet wurde über diese Versuche 1928 durch den Oberarzt der Eichberger Anstalt, Adolf Wahlmann." [38]

Das bedeutet, dass man damit wohl den Versuch unternommen hat, die akuten psychotischen Schübe von Luise zu behandeln und ihren Zustand dadurch zu lindern.

Interessant dazu ist allerdings eine Anmerkung des Oberarztes der Eichberger Anstalt, Adolf Wahlmann:

---

38   Siehe dazu: a.a.O. Wissen und Irren, S. 150f.

49

„Es lässt sich nicht umgehen, die schriftliche Erlaubnis des Verwandten einzuholen. Es darf, meines Erachtens, den Angehörigen nicht verschwiegen werden, dass wir für den Erfolg nicht einstehen können, dass andererseits eine gewisse Gefahr für das Leben nicht auszuschließen ist."[39]

Im Krankenakt von Luise wird jedoch keine Kontaktaufnahme mit ihrer Familie erwähnt und es muss angenommen werden, dass man in diesem Fall keine Erlaubnis von Seiten der Familie eingeholt hat.

Die Heilanstalt verfügte vermutlich über keine Adresse von Verwandten, an die sie sich hätte wenden können.

Ende Februar 1928 wird vermerkt:

Spontane Äußerungen sind, da sie in französischer Sprache erfolgen, dem Personal nicht verständlich. Autistisch u. unpartizipiert. Nahrungsaufnahme gut. Gewicht: 52. – kg.

und am Ende desselben Jahres:

29. 11. 28: Das [...] Bild hat sich im Wesentlichen nicht sehr verändert. Zu einer regelmäßig geordneten Tätigkeit ist Pat.[ientin] nicht zu bringen. Sie liegt meist untätig zu Bett, halluziniert oft, spontan spricht sie fast nie. Gefragt gibt sie Antwort in Form von inkohärenten Sätzen in einem Gemisch von Deutsch u. Französisch. Zeigt auch weiter ein autistisch, unpartiziertes Verhalten.

Am 16. März 1929 wird Luise unvermittelt mit folgendem Aktenvermerk in die Oberösterreichische Landes-Heil- und Pflegeanstalt Niedernhart bei Linz überstellt:

---

39 Siehe dazu: a.a.O. Wissen und Irren, S. 151, S. 162

16. 3. 29: Der Zustand hat sich nicht verändert. Oft treten schwere Erregungen mit Gewalttätigkeiten auf. Ist unpartizipiert, autistisch. März-Gewicht: 47 Kg – Wird heute in die Heimatanstalt bei Linz in Österreich über Passau überführt. Ungeheilt.

Auf der vom Oberarzt Dr. Wahlmann unterzeichneten *Übergabebescheinigung* wird die Diagnose *Verblödungs- irresein* angegeben.
Diese Diagnose legt erneut nahe, dass man die Mala- riabehandlung bei Luise Hofer nicht auf Grund einer Syphilis-Erkrankung, sondern wegen einer akuten Psychose durchgeführt hatte.

Hofer Aloisia 12.616.
1.Aufnahme.

L a n d e s – H e i l a n s t a l t ,

E i c h b e r g im Rheingau, den *16. März* 192*9*.

Ü b e r g a b e b e s c h e i n i g u n g .

Die *geisteskranke Luise Hofer* aus *Frankfurt M. Höchst* geb. am *4. Mai 1897* zu *St. Johann* Kreis *Gühlkreis (Oesterreich)* *katholischer* Religion, befindet sich seit dem *5. XII. 1925* in der hiesigen Anstalt, ist voraussichtlich unheilbar und bedarf der weiteren Pflege in einer Pflegeanstalt.

Familienstand *ledig*.

Dieselbe leidet an *Verblödungsirresein*

Der Direktor:

(Oberösterreichisches Landesarchiv, Bestand: Wagner-Jauregg-Krankenhaus, Luise Hofer, Stammnummer: 12.616.)

Warum hat man Luise im März 1929 in eine andere Anstalt verlegt?

Der Grund dafür dürfte die damalige wirtschaftliche Situation der Landes-Heil- und Pflegeanstalt Eichberg gewesen sein, die zu Sparmaßnahmen zwang. Die Weltwirtschaftskrise erreichte Ende der 20er Jahre ihren Höhepunkt und machte die Entlassung bzw. Überstellung von Insassen aus Kostengründen erforderlich. Die Zahl der am Eichberg versorgten Menschen sollte in den folgenden Jahren um fast 50 Prozent sinken. Hintergrund war die rigorose Sparpolitik der Fürsorgeverbände.[40]

Kurioserweise sollte 1939 wiederum das Fürsorgeamt Frankfurt den Rücktransport der schwer kranken, kaum mehr transportfähigen Luise von Niedernhart nach Eichberg beantragen und anordnen. Dazu aber später.

Eine Frage beschäftigte mich zunehmend: Wie hat Luises Familie im Mühlviertel auf ihr Schicksal, auf ihre Erkrankung und Unterbringung in einer Heilanstalt fern der Heimat reagiert? Haben die Eltern ihre Tochter, die Geschwister ihre Schwester besucht? Hat ihr jemand Briefe geschrieben und sie gefragt, wie es ihr geht? Hat man versucht, sie in häusliche Pflege heimzuholen? Haben die Familienangehörigen an die Heilanstalt geschrieben und versucht, sich über den Gesundheitszustand ihrer Verwandten zu erkundigen? Den Unterlagen aus Eichberg nach war das nicht der Fall. Es findet sich in den Eichberger Aufzeichnungen während der drei Jahre und dreieinhalb Monate keine einzige Notiz über eine Kontaktaufnahme durch die Familie der Patientin.

---

40 Siehe dazu: a.a.O. Wissen und Irren, S. 157f. und S. 333.

Übrigens liest man auch niemals wieder, in keinerlei Notiz, von einer weiteren Kontaktaufnahme von Seiten Andrés.

In der Regel wurden Besuche, die eine Patientin erhalten hat, in den Krankenakten penibel erwähnt. Ebenso wurde in der Regel erwähnt, wenn die Angehörigen an die Klinik schrieben und ihr Interesse und ihre Sorgen um den Kranken/die Kranke ausdrückten und um Informationen baten.

War das Rheinland für die Mühlviertler Familie so weit weg, dass es ihr gelang, Luise zu vergessen oder zumindest ihr Schicksal zu verdrängen? Hat sie sich dafür geschämt, eine Verwandte im „Irrenhaus" zu wissen?

Der Kontakt mit der jüngsten Schwester muss auch nach deren Besuch im Jahr 1923 weiter bestanden haben. Luise hat, wie erwähnt, Käthe oder ihren Eltern von Andrés Versetzung und dem Überfall in irgendeiner, damals möglichen Form berichtet. Käthe erzählte später darüber. Aber als Luise krank wurde, kümmerte sich anscheinend niemand mehr aus der Familie um sie.

Man wurde lediglich tätig, als Luises Wohnung, die ja die Dienstwohnung von André gewesen war, Anfang 1926 aufgelöst und geräumt werden musste. Davon hat man Luises Familie offensichtlich verständigt – oder war es noch Luise selbst gewesen? Jedenfalls fuhr Josef, der Bruder von Luise, Anfang 1926 ins Rheinland, um ihren Haushalt aufzulösen. Luise befand sich zu diesem Zeitpunkt bereits in der von Höchst rund 60 Kilometer entfernten Landes-Heilanstalt am Eichberg. Käthe erzählte später ihrer Tochter Renate, dass sie ihren Bruder gerne auf die Reise begleitet hätte, was dieser aber vehement abgelehnt habe. Vielleicht lag der Grund darin, dass Käthe damals bereits mit ihrem ersten Kind, Gertrude, schwanger war.

Große Hoffnungen setzte die Familie in die in Luises Wohnung gelagerten Wertgegenstände, von denen Käthe nach ihrem Besuch berichtet hatte: den Leinenballen, in dem Luise ihren Schmuck und ihr Erspartes eingerollt und versteckt hatte, und den sie ihrer Schwester 1923 so stolz gezeigt hatte. Leider kam Josef praktisch mit leeren Händen zurück. Es sei weder vom Schmuck noch von dem Geld etwas in der Wohnung zu finden gewesen. Möglicherweise hatte der Einbrecher, der Luise im November 1925 nachts überfallen hatte, die Wertgegenstände bereits an sich genommen. Luise hatte ja den Burschen von André im Verdacht gehabt. Wenn dieser also tatsächlich Schmuck und Geld gestohlen hatte und damit auf und davon war – nach Marokko oder vielleicht zurück nach Frankreich – so war der Diebstahl nach der Einweisung von Luise und ihrer Unfähigkeit zu sprechen nicht mehr beweisbar.

In der Mühlviertler Familie glaubte man dem Bericht Josefs nicht, so erzählte Renate. Es hielt sich lange das Gerücht, er habe nicht die ganze Wahrheit gesagt und sehr wohl etwas gefunden, aber alles an sich genommen. Renate erzählte mir, dass ihr die Witwe von Josef, „Tante Mitzi", viele Jahre später als Dank für die liebevolle Betreuung eine goldene Uhr schenkte. „Tante Mitzi" hatte damals schon stark Alzheimer und wusste offenbar nicht, vielleicht auch nicht mehr, dass sich ihr Mann das Erbe der verstorbenen Schwester oder Teile davon angeeignet und dies gegenüber seiner Familie verschwiegen haben dürfte.

Renate erinnerte sich, diese Uhr auf einem Foto am Handgelenk von Luise gesehen zu haben.

Und tatsächlich, auf einem der beiden Fotos, die sich von Luise aus der Zeit in Wiesbaden erhalten haben, trägt Luise diese Uhr mit dem schwarzen Band.

Das wäre ein Beweis dafür, dass Luises Bruder zumindest diese Uhr in der Wohnung vorgefunden hat. Vielleicht hatte sie Luise bei dem Überfall an ihrem Handgelenk getragen und sie blieb deshalb erhalten. Oder sie hatte sie vor dem Zubettgehen abgelegt und der Dieb hatte sie übersehen.

Renate bewahrte diese Uhr über alle Jahre hinweg sorgsam auf und zeigte sie mir bei einem Zusammentreffen.

Die erhalten gebliebene Uhr, wahrscheinlich aus dem Besitz von Luise Hofer, LIGA Chronometre, Solothurn in der Schweiz, vor 1920.

Die Uhr ist außergewöhnlich. Die besticht durch ihre Zierlichkeit - sie hat einen Durchmesser von nur zwei Zentimetern. Das Gehäuse besteht aus 14 Karat Gelbgold und ist zum Teil ziseliert. Auch die Schließe aus Metall zeigt eine feine Ziselierung. Die Uhr hat ein zartes schwarzes Ripsband, das faktisch ungetragen wirkt.

Das Ziffernblatt selbst besteht aus Metall, die Struktur darauf ist gefräst. In einem Kreis außen um die Ziffern herum sind kleine goldene Punzen als Verzierung angebracht. In der oberen Hälfte liest man den Namen „CHRONOMETRE[41] LIGA". In der unteren Hälfte des Ziffernblattes befindet sich anstelle der Ziffer „6" in einer Vertiefung ein Sekundenblatt in Zehnerschritten mit einem Sekundenzeiger. Die Uhr hat einen Handaufzug, der noch funktioniert. Das heißt, die Uhr „geht heute noch".

Sie wurde in den 1920er Jahren in Solothurn in der Schweiz gefertigt. Die Firma „LIGA" war kein eigentlicher Hersteller, sondern ein Assembler, das heißt, die Firma hat die Einzelteile von verschiedenen Herstellern angekauft und in Handarbeit zusammengestellt.

Ich wollte mehr und Genaueres über diese Uhr erfahren. Stammte sie wirklich aus der Zeit Anfang des 20. Jahrhunderts? Im Zuge meiner Recherche stieß ich auf Edgar Sutter und sein Uhrmacher-Atelier in Bettlach in der Schweiz, einer Gemeinde im Bezirk Lebern (Kanton Solothurn).[42] Der 81jährige steht für solide Uhrmacherkunst und ist ein anerkannter Kenner seines

---

41   Uhren mit einem Chronometer sind Uhren, die besonders präzise sind.
42   Siehe dazu: Wecker-Manufaktur – In Bettlach lebt die solide Uhrmacherkunst weiter (www.grenchnertagblatt.ch, 29. 3. 2014) und Grenchen – Eine Uhrenwelt, in der die Zeit stillsteht (www.grenchnertagblatt.ch, 20. 1. 2017).

Faches. Er lernte sein Handwerk ab 1956 in der Uhren-
fabrik „LIGA" in Solothurn.[43] In seinem Atelier hat er
eines der schweizweit größten Lager an sogenannten
Fournituren, Uhrenersatzteile und ganze Uhrwerke,
darunter viele von längst untergegangenen Herstellern.
Ihm schickte ich mehrere Fotos von „Luises Uhr". Bald
erhielt ich einen Anruf und Edgar Sutter erklärte mir,
dass die Uhr zwischen 1895 und 1920 – eher früher,
sicher nicht nach 1920 – entstanden sei. Ihr Zustand sei
überaus gut, wahrscheinlich wurde die Uhr wenig getragen. Diese Uhr war für die damalige Zeit sehr hochwer-
tig und teuer, in Qualität und Preis mit einer heutigen
„Rolex"-Uhr vergleichbar. „LIGA"-Uhren waren kein
Massenprodukt, sondern feinste Handarbeit. Und sie
wurden selbstverständlich ins benachbarte Frankreich
exportiert.[44]

Diese Expertise bestätigt die Vermutung, dass die
Uhr einmal im Besitz von Luise gewesen ist.

Mit großer Wahrscheinlichkeit war sie eines der
großzügigen Geschenke ihres adeligen Geliebten André.
Denn eine so kostbare Uhr war für eine einfache junge
Frau unerschwinglich.

Bei der erhalten gebliebenen Uhr wurde in den
1980er Jahren das Uhrglas getauscht – leider zerbrach
das Originalglas – und auch das schwarze Band wurde
getauscht. Das neue Glas besteht aus Plexiglas und ist
deutlich gewölbter, das ursprüngliche Band – wahrscheinlich ein elegantes, weiches schwarzes Satinband,
wie es in den 1920er Jahren Mode war – wurde durch
ein schmäleres schwarzes Ripsband ersetzt. Edgar Sutter

---

43 Die Firma „LIGA" existiert heute nicht mehr. Sie wurde von
    anderen Eigentümern übernommen und ging während einer der
    Uhrenkrisen in Konkurs.
44 Ich danke Edgar Sutter für seine fachkundige Expertise.

hätte das Originalglas eventuell in seinem Fundus – einen Besuch in Bettlach wäre die Uhr wert.

Die Familientradition berichtet, dass Josef aus Wiesbaden lediglich den leeren Stoffballen und etwas Weißwäsche von Luise mitgebracht habe. Der Stoffballen blieb im Besitz von „Tante Mitzi" erhalten, und seit ihrem Tod bewahrt ihn Renate sorgsam auf. Er ist aus weißem Leinen und hat die außergewöhnlichen Maße von 20 Metern Länge und 82 Zentimetern Breite.

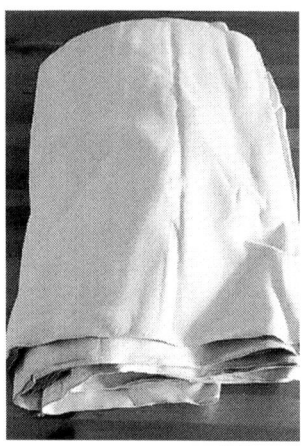

Leinenballen aus dem Besitz von Luise

Die erhalten gebliebene Weißwäsche besteht aus mehreren, von Luise kunstvoll bestickten Handarbeiten, die sie wohl zum Teil für ihre Aussteuer angefertigt hat. Heute sind das wertvolle Erinnerungsstücke an sie. Die Stickereien kamen zum Teil in den Besitz von Luises Schwester Käthe, die sie an ihre Tochter Renate weitergab. Neben der kleinen Tischdecke mit Andrés Monogramm erhielt ich zwei Handarbeiten von Renate

als Geschenk. Als Erinnerung an Luise, eine Servietten-
tasche und einen Zierpolster, beides mit Richelieu-Stickerei[45].

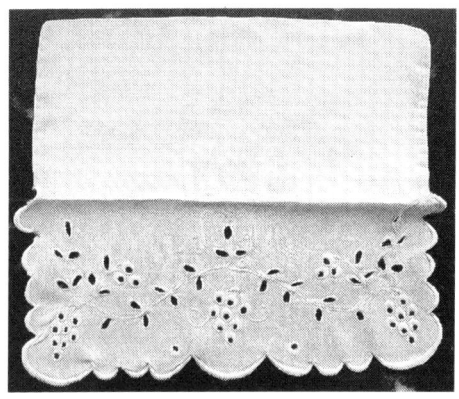

Servietten-Tasche mit den Initialen „H" und „A" für Hofer
Aloysia (Luise), 26,5 x 21,5 cm, Richelieu-Stickerei, angefertigt
von Luise Hofer, vor 1925.

Polsterüberzug mit Richelieu-Stickerei, 47,5 x 32 cm,
angefertigt von Luise Hofer, vor 1925.

---

45 Richelieu- oder Ausschnittstickerei, ist eine besondere Stickkunst,
die im 17. Jahrhundert ihre Blütezeit erfuhr. Sie verlangt viel Zeit
und Geduld. Benannt ist sie nach dem französischen Kardinal
Richelieu (1585 – 1642), der gerne große Spitzenkrägen trug und
dieses Kunsthandwerk besonders zu schätzen wusste.

Kapitel 6

OBERÖSTERREICHISCHE LANDES-HEIL- UND PFLEGEANSTALT FÜR GEISTES- KRANKE IN NIEDERNHART-LINZ[46]

Am 17. März 1929 traf Luise in Niederhart ein. Auf ihrem Transport von der Landes-Heilanstalt Eichberg im Rheingau war sie vom Pfleger Johann Mahringer (auch Maringer) und der Hilfspflegerin Hedwig Mayrhofer begleitet worden. In Niedernhart übernahmen laut einer Notiz im Krankenakt der Pfleger Matthias Stadler und die Pflegerin Theresia Mittermayr die Kranke.

Die Situation in der Landes-Heil- und Pflegeanstalt Niedernhart dürfte 1929 der in Eichberg ähnlich gewesen sein.

Das zeigt ein Blick in die Geschichte des Hauses[47]: die erste psychiatrische Einrichtung in Linz befand sich seit 1788 im „Prunerstift"[48]. Es wurde als „Tollhaus" bezeichnet und diente mehr der Verwahrung der Kranken, denn als ein Ort ihrer medizinischen Behandlung. Im 19. Jahrhundert wurde durch Überbelegung und gravierend gewordene hygienische

---

46 Markus Rachbauer: Vom Verwahrungsort zur Heilanstalt? Die psychiatrische Anstalt Niedernhart 1918–38. In: Oberösterreichisches Landesarchiv (Hrsg.): Oberösterreich 1918–1938. Band IV, Linz 2016, S. 63–130.

47 Siehe dazu auch: Gustav Hofmann: 200 Jahre Psychiatrisches Krankenhaus in Oberösterreich, Linz 1988; Markus Rachbauer, a.a.O.; Manfred Wolf, Eine irre Geschichte. In: OÖ-Nachrichten, 23. 9. 2017.

48 Das „Prunerstift" war 1734 vom Bürgermeister und reichen Kaufmann von Linz Adam Pruner erbaut und mit einer Stiftung von 125.000 Gulden ausgestattet worden. Siehe dazu: Heribert Fröhlich und Manfred Skopec (Hrsg.), 200 Jahre Landesfrauenklinik Linz, a.a.O., S. 18. Heute befindet sich in dem Gebäude in der Fabrikstraße 10 die Musikschule der Stadt Linz.

Mängel ein Neubau notwendig. 1863 beschloss der Linzer Landtag die „Herstellung einer wahren Musteranstalt". Wieder reisten Experten durch halb Europa, um sich vergleichbare Anstalten anzusehen und sich Anregungen zu holen. Nach dreijähriger Bauzeit wurde am 22. September 1867 das neue Spital als „Landesirrenanstalt Linz" eröffnet. Man hatte sich um zahlreiche Verbesserungen für die Patienten und Patientinnen bemüht und versuchte, engagiertes Personal anzustellen. Dieses bestand einerseits für die männlichen Kranken aus weltlichen Pflegern, andererseits wurden die weiblichen Kranken vorwiegend von den Barmherzigen Schwestern vom Orden des heiligen Vinzenz und Paul betreut. Man verzichtete weitgehendst auf Zwangsmaßnahmen: „no restraint"[49] war das neue Behandlungskonzept. Der britische Chirurg und Psychiater Robert Gardiner Hill (1811 – 1878) begründete diese Maxime, die auf den Prinzipien einer moralischen Behandlung beruhte. Der Psychiater John Conolly (1794 – 1866) hatte sie 1839 erstmals umgesetzt. Man sah die psychisch Kranken nicht mehr als wild gewordene Wesen oder gar vom Teufel Besessene, die man möglichst sicher zu verwahren, wegzusperren und auszugrenzen hatte. Auch in Linz erkannten die Ärzte den Zustand der Patienten und Patientinnen als eine Erkrankung des Gehirns und der Seele und versuchten, den Betroffenen mit geeigneter Pflege und Güte zu begegnen. Man hoffte, ihnen mit den damals möglichen Therapien helfen und sie heilen zu können. Man bemühte sich um medizinische und therapeutische Fortschritte. 1923 wurde die

---

49 deutsch „keine Zwangsmaßnahme".

Malaria-Kur eingeführt. Wagner-Jauregg hatte seine Therapiemethode durch Einimpfung von „Malaria tertiana"[50] bereits 1917 veröffentlicht und zeitgleich mit dieser Therapie bei progressiver Paralyse und anderen Psychosen Heilerfolge erzielt.[51] Im Zuge der Reformbewegungen der 20er Jahre wurde 1925 der Name in „Landes-Heil- und Pflegeanstalt Niedernhart" geändert. Um der erneuten Überbelegung entgegenzuwirken wurde der Frauentrakt erweitert, es kam zu einem Stockwerksaufbau, der aus zwei neuen Abteilungen bestand und 1928 fertiggestellt wurde. Mit großem Erfolg wurde in den 30er Jahren in Niedernhart die Arbeits- und Beschäftigungstherapie nach Simon[52] eingeführt, wonach möglichst alle Patienten und Patientinnen beschäftigt werden sollten[53]. Es gab Fortbildungen für Ärzte, Pfleger und Pflegerinnen, es gab sogar ein Unterhaltungsprogramm[54] für die Kranken und Ausstellungen – man zeigte Besuchern die von den Kranken hergestellten Produkte.[55]

Alle diese Bemühungen endeten abrupt im März 1938 mit dem Anschluss Österreichs, der Machtergreifung der Nationalsozialisten und der Übernahme der Leitung des Hauses durch Rudolf Lonauer[56].

---

50 Siehe dazu auch Fußnote 36.
51 Siehe dazu auch Fußnote 37.
52 Dr. Hermann Simon (1867 – 1947), deutscher Psychiater und Begründer der modernen Arbeitstherapie.
53 Markus Rachbauer, a.a.O., S. 109f. und S. 127.
54 Markus Rachbauer, a.a.O., S. 109f. und S. 115ff.
55 Markus Rachbauer, a.a.O., S. 110f.
56 Rudolf Lonauer (1907 – 1945), NS-Arzt und Direktor der psychiatrischen Anstalt Niedernhart in Linz (1938–1945) und Schloss Gschwendt in Neuhofen a. d. Krems als Zweigstelle von Niedernhart, sowie ärztlicher Leiter der Tötungsanstalt Hartheim in Alkoven (1940–1945).

Die Zulässigkeit für Luises Aufenthaltsdauer in Niedernhart wird laut dem Bescheid des Bezirksgerichts Linz auf ihrem Anamnesebogen mit einem halben Jahr bis zu einem Jahr angegeben. Als ihre Kuratelsbehörde wird das Bezirksgericht Neufelden[57] angegeben, sie wird als „beschränkt entmündigt" geführt. Am 21. April 1931 erklärte das Bezirksgericht Neufelden Luise Hofer als voll entmündigt, obwohl ihre Entmündigung in ihrem Krankenakt bereits am 16. November 1929 vermerkt worden war. Als ihr Kurator, anfangs als ihr „vorläufiger Rechtsbeistand", wird Josef Kepplinger angegeben, Bürgermeister von St. Johann am Wimberg, der Heimatgemeinde von Luise.[58]

Ihre Diagnose lautet: „13"[59], was nach dem sogenannten „Würzburger Schlüssel" Epilepsie bedeutete.

---

57 Neufelden ist eine Marktgemeinde in Oberösterreich im Bezirk Rohrbach im oberen Mühlviertel. Dieses Bezirksgericht war auch für den Geburtsort von Luise, St. Johann am Wimberg, zuständig.

58 Dass der Bürgermeister die Funktion des Kurators übernahm, hatte vermutlich finanzielle Gründe. So musste die Familie nicht für die Pflegekosten aufkommen.

59 Die Zahl „13" bezieht sich auf den sogenannten „Würzburger Schlüssel". Dieses System wurde vom „Verein für Psychiatrie" anlässlich der in Würzburg stattgefundenen Jahresversammlung des Deutschen Vereins für Psychiatrie am 24. Jänner 1933 in Deutschland eingeführt und war ein erster Versuch, ein medizinisches Einteilungssystem für psychiatrische Diagnosen zu erstellen und Diagnosen zu klassifizieren. Die theoretische Prüfung fand von 1930 bis 1932 in psychiatrischen Kliniken statt. 1967 wurde in Deutschland das ICD (International Statistical Classification of Diseases and Related Health Problems) bzw. DSM (Diagnostic and Statistical Manual of Mental Disorders) eingeführt, welches von der Weltgesundheitsorganisation der UNO, der WHO, (weiter-) entwickelt wird. Siehe dazu: Daniela Alexandra Kroth, Untersuchungen zum Verlegungsverhalten der Nervenklinik München während des Zeitraumes der „Aktion T4". Dissertation zum Erwerb des Doktorgrades der Medizin an der Medizinischen Fakultät der Ludwig-Maximilians-Universität , München 2010.

Am Tag ihrer Aufnahme wurde in ihrem Krankenakt vermerkt:

Pat.[ientin] *war von Passau durch Organe der Anstalt abgeholt. Erkrankte im besetzten Gebiete, wo sie in Stellung war. Soll dort angebl. mit französ. Militärs in Beziehung gestanden sein.*
Bei der Einbringung ruhig, negativistisch gibt auf die an sie gestellten Fragen keine oder nur sehr rasche, kaum verständliche Antworten, zeigt stets ein gleichbleibendes starres Lächeln.

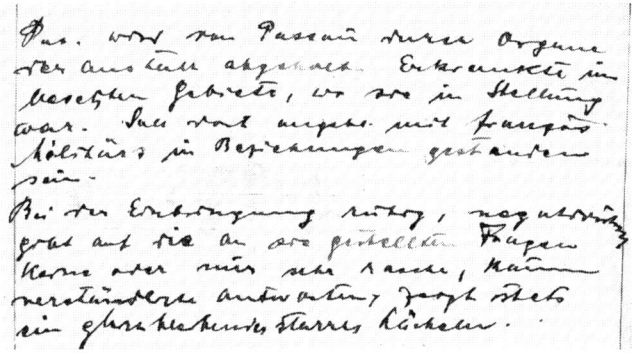

(Oberösterreichisches Landesarchiv, Bestand: Wagner-Jauregg-Krankenhaus, Luise Hofer, Stammnummer: 12.616.)

Drei Tage später wird notiert:

20. / III. Unter den Effekten [Habseligkeiten] *der Pat.*[ientin] *fanden sich beiliegende französische Briefe, aus deren Inhalt hervorgeht, dass Pat.*[ientin] *Beziehungen zu einem franz. Unteroffizier unterhielt, der in der Folge aus dem besetzten Gebiete nach Marokko transferiert wurde[60]. [...] Setzt der Untersuchung hartnäckigen Widerstand entgegen.*

---

60   Siehe Fußnote 22.

Am 25. März 1929 kam endlich ein Arzt auf die Idee, sich mit Luise in französischer Sprache zu unterhalten. Wir lesen die in ihrem Krankenakt dokumentierten herzzerreißenden Worte:

25./III. Abweisend. Französisch angesprochen wendet sich Pat. [ientin] dem Arzte neugierig zu. Est-ce vous connaissez le petit Jean? „Oui.“ Vous êtes donc sa petite chérie? „Oui.“ Vous l'avez donc oublié? „Jamais.“ Weint. [Kennen Sie den kleinen Jean? „Ja.“ Dann sind Sie also seine kleine Liebste? „Ja.“ Sie haben ihn also vergessen? – „Niemals.“ Weint.]

28./III. Freundlicher, schenkt dem Arzte mehr Aufmerksamkeit, beginnt einen Satz. – den sie sofort wieder unterdrückt.

Dieser kurze, so berührende Dialog enthält die drei einzigen erhaltenen authentischen Worte von Luise: „Oui", „Oui", „Jamais".

Diese wenigen Worte drücken über alle Jahrzehnte hinweg Luises ganzen Schmerz und Kummer aus.

Was war mit André geschehen? Er war vermutlich im Sommer oder Herbst 1925 nach Marokko versetzt worden, hat ihr anfangs wohl mehrere Briefe geschrieben, über deren Inhalt wir leider nichts wissen. Die Briefe sind Ende März 1929 in den Aufzeichnungen im Krankenakt erwähnt. Leider sind sie heute nicht mehr vorhanden, sie sind verloren gegangen.

Die Spur von André verliert sich in Nordafrika. Korrespondenz mit Fachkollegen, ebenso wie von mir angestellte Nachforschungen im Deutschen Historischen Institut in Paris, im Service historique de la Défense – dem französischen Militärarchiv – in Vincennes, in der Bibliothèque du Service historique de la Défense in Châtellerault und der Bibliothèque du Service historique de la Défense de Cherbourg brachten aufgrund der wenigen Unterlagen kein Ergebnis.[61]

Mein Wissen über André blieb spärlich: bekannt sind mir sein Vorname und mit großer Sicherheit der Anfangsbuchstabe seines Familiennamens – ein „B", ich weiß, dass er Adeliger war, ein Comte (Graf), dass er als Offizier in der französischen Armee Ende 1925 im Rheinland und danach in Marokko in Touanate nahe

61 Ich danke Dr. Jürgen Finger, Kaja Antonowicz und Salome Walz vom Deutschen Historischen Institut in Paris für ihre Auskünfte und ihre Unterstützung. Ich danke Mélanie Blicq von der Bibliothèque du Service historique de la Défense in Châtellerault für ihre Auskünfte und großen Bemühungen. Ich danke Christine Bruzek für ihre Hilfe bei der Sichtung der Unterlagen des Service historique de la Défense und bei der Korrespondenz mit französischen Archiven.

Fez gedient hat, und ich kenne seine letzte Adresse in Höchst am Main, die Rathenaustraße 8/II. Von dort war er nach Nordafrika versetzt worden.

Auf Grund der tiefen Verzweiflung, in die Luise gestürzt war, auf Grund des anhaltenden Stupors und ihres völligen In-Sich-Zurückziehens muss man die Vermutung zulassen, dass sie vielleicht erkannt hatte, dass André sie verlassen und nie ernsthaft vorgehabt hatte sie zu heiraten, um sie als seine Frau nach Frankreich mitzunehmen. Man könnte annehmen, dass ihm seine Versetzung unter Umständen sogar gelegen kam; damit war diese Liebschaft für ihn beendet. Vielleicht war André als Militär im Ausland aber auch einfach nicht in der Lage, sich um seine Geliebte zu kümmern, zumal in Nordafrika Krieg herrschte und heftige Gefechte stattfanden. Luise wurde klar – eventuell durch persönliche Worte von André, durch sein knappes und sehr unpersönliches Telegramm aus Touanate oder seine Briefe – dass er in absehbarer Zeit nicht zu ihr zurückkommen würde, und dass sie auch nicht auf ihn zu warten bräuchte. Inwieweit war die Sprachbarriere zwischen den Beiden ein Problem gewesen? Wie gut hatte Luise die französische Sprache tatsächlich beherrscht?

Luises Leben hatte sich Ende 1925 schlagartig verändert. Plötzlich war nichts mehr, wie es bis dahin gewesen war. Um sie herum passierten Dinge, die sie nicht verstand und denen gegenüber sie völlig hilflos war. Beschlüsse waren von oben herab getroffen worden, die sie weder erwartet hatte, noch beeinflussen konnte. Ihr war jede Entscheidungsmöglichkeit genommen worden. Für Luise dürfte André „die Welt" bedeutet haben. Er war mit Sicherheit die große Liebe ihres Lebens. Sie hatte wohl von einer Zukunft an der Seite dieses gutaussehenden, kultivierten und wohlhabenden Mannes geträumt. Nun war alles plötzlich anders geworden. Für Luise müssen Andrés Versetzung und der kurz danach stattgefundene Einbruch in ihre Wohnung ein Schock gewesen sein, ein Trauma, mit dem sie in der Folge nicht zurechtkam. Wenn ihr bei dem Überfall tatsächlich all ihr Erspartes und ihr Schmuck geraubt worden waren, bedeutete das für sie, dass sie nun völlig mittellos dastand. Ohne Geld und ohne jegliches Vermögen, ohne Arbeit, ohne Partner und bald auch ohne Bleibe, da sie ja in der Dienstwohnung von André gewohnt hatte. Die in den Krankenakten häufig erwähnten Aggressionen sprechen für ein schweres Trauma. Durch diese völlig veränderte Situation war eine unerwartete, neue Realität war entstanden, die zu akzeptieren sie sich weigerte und an der sie schließlich zerbrach. Luise verlor jegliche Sicherheit in ihrem Leben, denn sie hatte auch ihr gesellschaftliches Umfeld verloren. Sie muss unendlich einsam gewesen sein und hatte offensichtlich niemanden, dem sie sich anvertrauen, der ihr beistehen und der ihr helfen konnte.

In den Augen vieler war sie eine Kollaborateurin.

Nach Hause ins Mühlviertel zurückzukehren kam für sie wohl nicht in Frage. Zu lange schon war sie weg von daheim, sie hätte dort keinen Platz mehr gefunden, wäre der Familie nur zur Last gefallen – unverheiratet, Ende Zwanzig. Dazu die Schande, in der Fremde gescheitert zu sein, von ihrem Freund – vielleicht sogar von ihrem Verlobten – sitzengelassen worden zu sein. Sie hatte über Jahre mit einem Mann zusammengelebt, mit dem sie nicht verheiratet gewesen war – das wäre für die Familie im katholischen Mühlviertel mit Sicherheit ein Problem gewesen. Noch dazu war er Franzose! Und mit welchen Mitteln hätte sie sich die Reise von Frankfurt nach Oberösterreich bezahlen können?

Was Luise zum Zeitpunkt ihrer Einlieferung nicht gewusst und was sie wahrscheinlich auch nie klar erkannt hatte: sie war an Syphilis erkrankt. Es ist möglich und wahrscheinlich ist sogar davon auszugehen, dass André sie angesteckt hatte.

Alle diese Umstände zusammen erklären vielleicht ihr Krankheitsbild, das eine schwere Traumatisierung widerspiegelt, dessen Auslöser letztendlich der Einbruch und die damit verbundene erlittene Körperverletzung gewesen waren.

Zurück zu den harten Fakten, zur Krankengeschichte von Luise, zurück in das Jahr 1929 – zu ihren ersten Wochen und Monaten in der Landes-Heilanstalt Niedernhart.
Am 1. Mai 1929 wird erwähnt:
nach einem Besuche, erregt laut abweisend.

Renate erzählte mir, dass ihre Mutter Käthe die Schwester in der Anstalt einmal besucht habe. Käthe musste der Familie allerdings berichten, dass Luise sie nicht mehr erkannt habe. Käthe war damals 21 Jahre alt und schon zweifache Mutter. Sie hatte in der Familie wohl die engste Beziehung zu Luise. Sie zeigte Interesse an ihrer Schwester und sorgte sich um sie. Dieser Besuch

bleibt der einzige, der in all den Jahren in den Krankenakten erwähnt wird. Es war Käthe, die die Gegenstände
aus Luises Besitz über die Jahre sorgsam aufbewahrt
und sie ihrer jüngsten Tochter Renate weitergegeben
hat. Sie sprach über ihre Schwester und erzählte ihrer
Tochter von ihr. Sie berichtete ihr von ihren Erinnerungen an die Schwester, von der schönen gemeinsamen
Zeit in Wiesbaden. Das zeugt von ihrer Bindung an
die Schwester und der Wertschätzung, die sie ihr ent-
gegengebracht hat.

Der Zustand von Luise wird in der Krankengeschichte
der Landes-Heilanstalt Niedernhart sehr unterschiedlich beschrieben. Teilweise sei sie ruhig, abweisend,
wenig teilnehmend, selten sogar gut gelaunt gewesen.
Sie führte Selbstgespräche, lachte grundlos vor sich
hin. Wenn es ihr gut ging, beschäftigte sie sich mit
Nähen.

*Näht sehr schön, näht schön, beschäftigt sich mit feinen
Handarbeiten, fleißig mit schönen Handarbeiten beschäftigt* – solche Anmerkungen finden sich zahlreiche im
Krankenakt, ja ich las sie wiederholt ab 1931 bis einen
Monat vor ihrer Deportation zurück nach Eichberg.
Dieser Umstand ist insofern irritierend, da bei Luise am
6./7. August 1936 ein Wassermann-Test[62] auf *Lu[es]*[63]
durchgeführt worden war, bei dem alle vier Testergeb-
nisse positiv waren und der zeigte, dass auch ihr Liquor[64]
bereits betroffen war.

---

62 Siehe Fußnote 29.
63 Lues: andere Bezeichnung für Syphilis.
64 Der Liquor ist eine im zentralen Nervensystem (Gehirn und Rü-
    ckenmark) vorkommende Körperflüssigkeit.

Der Befund und ein „Begleitschein" der Bakteriologisch-Serologischen Untersuchungsanstalt des Volksgesundheitsamtes Linz blieben erhalten, weil sie an Seiten des Krankenaktes angeklebt wurden. Das Ergebnis spricht einerseits für die Infektion mit Syphilis[65]. Andererseits kann es aber kein fortgeschrittenes Stadium der Erkrankung gewesen sein, denn dann hätte Luise nicht mehr gehen, nicht mehr stehen und schon gar nicht mehr handarbeiten können. Die Nerven der Patienten und Patientinnen im fortgeschrittenen Stadium sind so stark betroffen, dass sie z.B. ihre Füße nicht mehr spüren können und mit Sicherheit keine Feinmotorik mehr vorhanden ist.[66]

Zwischen den guten Tagen hatte Luise aber auch solche, an denen es ihr, wie auch schon in der Landes-Heilanstalt am Eichberg, sehr schlecht ging. Dann war sie *unruhig, schimpfend, sehr erregt* und *abweisend, sehr gereizt, zornig, schlägt zu, gewalttätig, unrein, zu keiner Arbeit zu bringen.*

Am 31. Dezember 1933 führte man eine Lumbalpunktion durch. Es wird vermerkt:

31. XII. In der letzten Zeit sehr erregt, gewalttätig, schimpft in der ordinärsten Weise.

---

65 Heute kann Syphilis, früh erkannt, mit Antibiotika gut geheilt werden. Das erste Antibiotikum, Penicillin, wurde 1928 von Alexander Fleming eher zufällig entdeckt. Es kam erst vierzehn Jahre später, 1942 auf den Markt. Diese Entdeckung gilt heute zu Recht als einer der wichtigsten Meilensteine in der Medizingeschichte und sie ist aus unserem Alltag nicht mehr wegzudenken.
66 Ich danke Dr.med. Michael Langer, Facharzt für Gynäkologie und Geburtshilfe, für die Auskunft.

Lumbalpunktion[67]: Liquor klar, dünnflüssig, Druck leicht erhöht, es werden 25 cm[3] Liquor entleert u. 8 cm² *Luft eingeblasen. Nachmittags war Pat.*[ientin] *noch sehr brutal, sodass sie in ein Gitterbett gegeben werden musste.* Man mag sich die Schmerzen und das Elend von Luise nicht vorstellen. Ende 1934 und ab 1935 verschlechterte sich ihr Zustand weiter, sie wurde zunehmend aggressiver, am 4. April 1935 heißt es: *spuckt d. Arzt ins Gesicht, zerreißt ihm den Mantel.* Luise musste wiederholt isoliert werden.

Im April 1936 gab es eine Anfrage von der Gemeinde St. Johann am Wimberg an die Landes-Heilanstalt Niedernhart zum Gesundheitszustand der Luise Hofer. Der ehemalige Bürgermeister Josef Kepplinger (Bürgermeister von 1929 bis 1934) wurde 1937 Luises Schwager. Ihr Bruder Josef hatte Kepplingers Schwester Maria geheiratet. Die Familie wollte offensichtlich nicht nur wissen, wie es Luise geht, sondern auch, ob sie jemals wieder aus der Anstalt entlassen werden würde. Die Antwort war eindeutig:

H. A. [...] *ist infolge ihrer Sinnestäuschungen sehr oft erregt und gewalttätig, meist hochgradig verworren, zeitweise unrein; sie redet oft sehr viel, doch kurze Zeit ruhiger und ist zu Handarbeiten zu bewegen. Infolge ihrer Unberechenbarkeit ist Aufsicht und zeitweilige Pflegebedürftigkeit ist sie für private Pflege nicht geeignet.* 18.V.36. [Unterschrift][68]

---

67 Bei einer Lumbalpunktion wird mit einer speziellen Nadel im Bereich der Lendenwirbel eine kleine Menge Hirn- oder Rückenmarksflüssigkeit (Liquor) aus dem Wirbelkanal (Spinalkanal) entnommen.
68 Unterschrift von Dr. Josef Böhm (1881 – 1952), Anstaltsdirektor in Niedernhart von 1926 bis 1942 und 1946 bis 1948.

1936 finden sich in Luises Krankengeschichte folgende Einträge:

14. II. wechselt sehr; muss oft isol[iert] *werden, ist ganz verwirrt, gewalttätig.*
26. III. derzeit wieder etwas klarer; beschäft. sich.
19. VI. stets sehr wechselnder Zustand; muss zumeist in d. Zelle gehalten werden.
3. VIII. beisst heute d[er] *S*[chwester] <u>*Sebaldia*</u> *[Name mit rotem Farbstift unterstrichen] d*[en] *r*[echten] *kl*[einen] *Finger durch.*"
Nach diesem Vorfall wurde der oben erwähnte Wassermann-Test durchgeführt.

Ab 1938 ändert sich der Ton der Eintragungen. Er wird zunehmend unpersönlicher und schärfer. Auch die Maßnahmen werden radikaler. NS-Arzt Dr. Rudolf Lonauer (1907 – 1945) hatte kurz nach dem „Anschluss" Österreichs im März 1938 – im Alter von nur 31 Jahren – die Leitung der Landes-Heil- und Pflegeanstalt Niedernhart in Linz übernommen. Er legte umgehend eine Verminderung der Fleischrationen für die Patienten und Patientinnen fest, sie waren für ihn im Sinne des nationalsozialistischen Gedankenguts „unnütze Esser", „Ballast-Existenzen". Zwei Jahre später übernahm Lonauer auch die Leitung der NS-Tötungsanstalt Hartheim in Alkoven. Er war ein glühender Verfechter der Rassenhygiene und brutaler Vollstrecker des „Euthanasie"-Programms. Unter seiner Ägide wurde Niedernhart zur „Durchgangs-" und „Zwischenstation" für Hartheim. Im Zuge der Aktion „Aktion T4"[69]

---

69   Siehe Fußnote 13.

wurden in den Jahren 1940/41 in Hartheim 18.269 Personen ermordet. [70]

1938 wurde in Luises Krankenakt vermerkt: *muss wochenlang in der Zelle bleiben, ist vollkommen unzugänglich, in höchstem Grade gewalttätig gegen die Schwestern, ganz unrein, schmiert mit Stuhl und Kot.*
Das Leiden Luises wird auch in diesen Zeilen deutlich. Man liest daraus, dass man Luise oft wochenlang in einer Zelle isolierte. Das ist überaus grausam und unmenschlich und erinnert an mittelalterliche Methoden, als man Menschen mit einer Behinderung und psychisch Kranke, sog. „Narren", wie wilde Tiere hielt. Ich lese weiter im Krankenakt:

1939:
23. 1.: Wechselndes Zustandsbild: Zeitweise ruhig, geordnet, freundlich, mit schönen Handarbeiten beschäftigt. Dann wieder vollkommen verwirrt, in höchstem Grade unrein, grob und

---

70 Die „Aktion T4" ist benannt nach der von der Kanzlei des Führers ins Leben gerufenen Dienststelle in der Tiergartenstraße 4 in Berlin. Sie stand für die Organisation der „Euthanasie"-Verbrechen von 1939 bis August 1941. Die Bezeichung „T4" ist keine nationalsozialistische Tarnbezeichnung, sondern Sprachgebrauch der Nachkriegszeit. Siehe dazu: Harald Jenner: Quellen zur Geschichte der „Euthanasie"-Verbrechen 1939–1945 in deutschen und österreichischen Archiven. Ein Inventar. Im Auftrag des Bundesarchivs, o.O. 2003/2004. Im August 1941 wurde die „Aktion T4" von der Kanzlei des Führers offiziell für beendet erklärt. Das Morden ging aber weiter. Zwischen Mai und August 1941 wurden in der Tötungsanstalt Schloss Hartheim im Zuge der „Aktion T4" 18.269 Menschen ermordet, bis 1944 fanden im Schloss Hartheim insgesamt rund 30.000 Menschen den gewaltsamen Tod. Siehe dazu: Brigitte Kepplinger und Hartmut Reese: Die nationalsozialistischen Euthanasieverbrechen: Orte und ‚Aktionen', in: Brigitte Kepplinger, Gerhart Marckhgott, Hartmut Reese, Tötungsanstalt Hartheim, Oberösterreich in der Zeit des Nationalsozialismus, Bd. 3, (Hrsg.) Oberösterreichisches Landesarchiv und Lern- und Gedenkort Schloss Hartheim, 3. Auflage, Linz 2013, S. 460.

brutal, sodass sich niemand zu ihr in die Zelle trauen kann. Meist kündigt sich dieser Übergang durch auffallendes unmotiviertes Lachen oder Kopfschmerzen oder etc. an.

8. 3.: Wechselndes Zustandsbild: Zeitweise halbwegs geordnet, beschäftigt sich mit schönen Näharbeiten, lacht nur manchmal ganz unmotiviert sehr viel. Dann wieder in höchstem Grade ungeordnet, muss in der Zelle sein, ist äußerst unrein, grob und brutal, greift das Pflegepersonal in der derbsten Weise an. Isst mehrere Tage nichts.

13. 5.: War jetzt durch mehr als 5 Wochen in einem Dämmerzustand. War die ganze Zeit über isoliert, war äußerst grob und brutal, schlug auch zu, sodass man ihre Zelle kaum betreten durfte. Verweigert dann auch tagelang das Essen. Ist sehr erregt, laut, schreit und schimpft und ist in höchstem Grade unrein, schmiert mit Kot, beschmutzt Boden und Wände, Wäsche und Kleider. Jetzt ist sie wieder heraußen, ist nett und freundlich, fleißig mit schönen Handarbeiten sich beschäftigend, ist nur auffallend durch ihr fast ständiges, unmotiviertes Lachen.

13. 7.: War jetzt eine Zeitlang ruhig und geordnet, mit schönen Handarbeiten beschäftigt. Wurde aber heute wieder in die Zelle gebracht. Ist wieder rückfällig geworden.

20. 8.: Befand sich bis zum 15. d. M. in der Zelle. Seitdem wieder im Krankenzimmer mit Nähen beschäftigt. Ruhig und geordnet.

Am 15. Oktober desselben Jahres wird Luise auf Weisung des Fürsorgeamtes Frankfurt wieder nach Eichberg zurückgebracht. Sie wird mit dem Vermerk *ungeheilt ohne Revers* dorthin überstellt.

Wie schon bei der Transferierung 1929 vom Eichberg nach Niedernhart, waren wiederum wirtschaftliche Gründe ausschlaggebend. Auf eine Anfrage des Amtsgerichts Neufelden vom 24. Oktober 1939, *aus welchem Grunde bzw. über wessen Veranlassung* [Luise] *Hofer Aloisia* [...] *in die Heilanstalt Eichberg im Rheingau überstellt wurde und ob ihre Unterbringung dort eine vorübergehende oder dauernde sein wird,* erhält dieses am 15. 11. 1939 zur Antwort:

Bei der Kranken H. A. besteht ein Endzustand einer Schizophrenie. Die Genannte wurde über Weisung des Landesfürsorgeverbandes – da nach dem deutschen Fürsorgegesetz der Wohnort und nicht die Zuständigkeit für die Zahlungsverpflichtung entscheidend ist – in die Heilanstalt Eichberg überstellt. Die Unterbringung dort ist eine dauernde, da eine Besserung oder Heilung nicht zu erwarten ist.

In den letzten zehn Jahren hatte sich die wirtschaftliche Lage in Deutschland nicht wirklich verbessert. Auch in Hessen mussten die Landes-Heilanstalten an allen Ecken und Enden sparen. Sie erhielten kontinuierlich weniger Geld für die Unterbringung von „Geisteskranken". Da fasste man einen perfiden Plan: „Da die Anstalt Eichberg einen ausgeglichenen Haushalt vorlegen musste, boten sich zwei Auswege: zum einen eine radikale Kürzung der Ausgaben, also Einsparung zu Lasten der Kranken (Verminderung der

Lebensmittelversorgung, Reduzierung von Pflege und ärztlicher Betreuung, Verzicht auf notwendige Gebäudeerneuerungen usw.). Zum anderen eine Verbreiterung der Einnahmeseite, also die Aufnahme zusätzlicher Kranker von außen, ohne dadurch die Generalunkosten für Personal und Gebäude zu erhöhen: das bedeutete eine hoffnungslose Überbelegung.“[71] Wohl mehr als sämtliche Sparanstrengungen führte diese Überbelegungspolitik zu den – rein ökonomisch betrachtet – exzellenten Betriebsergebnissen der Anstalt. „Bei den Anstalten Eichberg, [...] war Neueinstellung von Personal nicht erforderlich, weil keine neuen Krankenräume belegt wurden, vielmehr die neu überwiesenen Kranken durch Einschieben von Betten in den belegten Krankenräumen untergebracht werden konnten.“[72]

Am 30. Jänner 1939 hatte Dr. Friedrich Mennecke (1904 – 1947) – mit nur 35 Jahren – den Posten des Chefarztes und des Direktors der Landes-Heilanstalt Eichberg übernommen, die er kommissarisch schon seit Anfang 1938 geleitet hatte. Mit ihm herrschte nun – ähnlich wie mit Dr. Lonauer in der Landes-Heil- und Pflegeanstalt Niedernhart – ein überzeugter Nationalsozialist über die Geschicke der Anstalt. Auch er gelangte als „Euthanasie“-Massenmörder zu trauriger Berühmtheit.

Dr. Lonauer und Dr. Mennecke kannten einander persönlich.

Sie wurden, gemeinsam mit anderen zumeist arrivierten Psychiatern Anfang 1940 über den Plan der Tötung von „unwertem Leben“ durch einen „Führerbefehl“

---

71 Siehe dazu: a.a.O. Wissen und Irren, S. 174.
72 Siehe dazu: a.a.O. Wissen und Irren, S. 176.

unterrichtet und stimmten der Teilnahme an dieser Aktion zu.

Die menschenverachtende Maschinerie der Nationalsozialisten war damit nicht mehr aufzuhalten.

Im Bundesarchiv in Berlin hat sich eine Fotografie erhalten. Sie zeigt die Galerie der Verbrecher, alles elegante Herren in feinen Anzügen, sie geben sich leger, kultiviert, mit bewusst akademischem Aussehen, sie sitzen nebeneinander – fein säuberlich aufgefädelt, eine „Mörderbrigade bourgeoise".

„Aktion T4"-Busfahrer Erich Bauer mit den Gutachtern Rudolf Lonauer, Viktor Ratka, Friedrich Mennecke, Paul Nitsche, Gerhard Wischer (v.li.n.re.), 2. September 1941.
(©Bundesarchiv-Bildarchiv B 162 Bild-00680.)

Die Organisation und Durchführung des Transports der schwer kranken Luise von Niedernhart nach Eichberg stellte sich als schwierig heraus. Er sollte mit der Eisenbahn erfolgen, zur Begleitung waren zwei Pflegerinnen notwendig. Dazu musste eine ruhigere Krankheitsphase abgewartet werden, im Zustand heftiger Erregtheit schien eine Reise undenkbar. So lehnte man in diesem Zusammenhang auch eine Anfrage der Landes-Heilanstalt Salzburg ab, ob eine weitere Kranke aus Salzburg, die ebenfalls in eine Frankfurter Anstalt überstellt werden sollte, dem Linzer Transport mitgegeben werden könnte. Der unberechenbare Zustand Luises machte das unmöglich.

Dem Krankenakt von Niedernhart sind noch zwei Verrechnungsblätter beigelegt. Sie zeigen die perfektionierte Bürokratie des Nazi-Regimes einerseits, andererseits dessen perfiden, schamlosen und menschenverachtenden Umgang mit den Patienten und Patientinnen. Die beiden Seiten zeugen davon, dass Luise Süßes und Obst gerne gemocht hatte. Sie stellen rare Dokumente dar, die uns noch etwas über Luise erzählen können. Von Eichberg hatte sie sieben Reichsmark und 60 Reichspfennige an „Vermögen" mitgebracht. Acht Reichsmark hatte sie dort für ihre Arbeit bekommen, für eine Reichsmark hatte sie sich „Zuckerl"(Bonbons) gekauft. In Niedernhart hatte sie kaum mehr gearbeitet und daher nur wenig Geld „verdient". Für die Bäckerei, Zuckerl (Bonbons) und Obst hatte sie hier aber etwas Geld ausgegeben, sodass ihr am Ende nur mehr eine Reichsmark und 79 Reichspfennige ausbezahlt werden konnten. Diesen Betrag gab man der Patientin mit auf ihre Reise in den Tod.

O.Ö. Landesheil- und Pflegeanstalt Niedernhart

Pflegling: Hofer Aloisia

Standesprotokoll Nr. 126/6

Verrechnungsblatt Nr. 1

Datum 1938		Gegenstand	Empfang		Ausgabe		Rest	
			RM	Rpf	RM	Rpf	RM	Rpf
30. April	Abt II	Arbeitsgeld Übertrag	5	10				
20. Juni		für Arbeit Juni		60				
31. Julie		" " Juli		60				
30. August		" " August		40				
31. Sept.		" " September		60				
4. Okt.		für Zucker				1		
20. "		" Arbeit Oktober		50				
30. Nov		" " November		50				
31 Dez.		" " Dezember		30				
		Einnahm.	8	60	1			
		Ausg.	1					
		Rest	7	60				
1939								
20. Jänn		Saldo	7	60				
21. Feb.		für Arbeit Februar		50				
31. März		" " März	1					
17. Mai		" Bäckerei				74		
30. Juni		für Arbeit Juni	1					
3. Julie		" Bäckerei			1	12		
18.		" "				30		
18. August		für Obst, Bäckerei			2			
31. "		" Arbeit August	1					
16. Sept		" Obst				55		
		Fürtrag	11	10	4	91		

(Oberösterreichisches Landesarchiv, Bestand: Wagner-Jauregg-Krankenhaus, Luise Hofer, Stammnummer: 12.616.)

Datum 1939	Gegenstand	Empfang		Ausgabe		Rest	
		RM	Rpf	RM	Rpf	RM	Rpf
	Übertrag	6	19				
20. Sept	Abt. 11						
21. -	für Obst u. Zucker			1	20		
9. Okt.	- - Bücher			2			
15. -	- Obst Zucker			1	20		
	Einnahme	6	19	4	40		
	Ausg.	4	40				
	Rest	1	79				
	erhalten ! 3d... g... krank gel...						
	15. 10. 39						

ben Betrag von RM Rpf in Worten ▓▓▓

▓▓▓ RM ▓▓▓ Rpf

übertragen auf Verrechnungsblatt Nr.	anläßlich der Entlassung übernommen:	von der Anstaltskasse übernommen:

(Oberösterreichisches Landesarchiv, Bestand: Wagner-Jauregg-Krankenhaus, Luise Hofer, Stammnummer: 12.616.)

Kapitel 7

LANDES-HEIL- UND PFLEGEANSTALT EICHBERG IM RHEINGAU – 2. AUF-ENTHALT UND TOD IN HADAMAR

Mit der Überstellung Luises zurück nach Eichberg verliert sich ihre Spur nahezu. Ihre Krankenakte, die den Zeitraum vom 16. Oktober 1939 bis zu ihrem gewaltsamen Tod am 21. Februar 1941 abdeckt, ist nicht mehr vorhanden.

Die Krankenakten wurden von der Landes-Heilanstalt Eichberg immer nach Hadamar mitgegeben.[73]

Man muss davon ausgehen, dass die fehlende Krankenakte von Luise entweder im Kriegsgeschehen oder durch die Bürokräfte in der damaligen „Aktion T4"-Zentrale vernichtet wurde.[74]

Die Landes-Heilanstalt am Eichberg hatte sich verändert, seitdem Luise sie 1929 verlassen hatte.

Insbesondere in den Jahren 1938 und 1939 hatte sich unter der Leitung von Dr. Friedrich Mennecke die Lebenssituation der dort untergebrachten Patienten und Patientinnen radikal verschlechtert. In den Kellerräumen der Anstalt wurden die beiden so genannten „Bunker" eingerichtet, je einer in den Gebäuden „Männer-Unruhe" und „Frauen-Unruhe". Der Frauenbunker hatte zwei Räume, einen ohne Fenster und einen mit einem Lichtschacht. Eine Ärztin charakterisierte nach Kriegsende die „Bunker" als einen Rückfall in die Psychiatrie des

---

73 Ich danke Prof. Dr. Christina Vanja für diese Auskunft.
74 Ich danke Claudia Stul M.A. von der Gedenkstätte Hadamar für ihre schriftliche Auskunft vom 17. 8. 2022.

Mittelalters: „Gesundheitliche Schädigungen und hygienische Mängel konnten unmöglich bei längerem Verbleib in diesen Räumen ausbleiben [...]." Für die Anstalt erfüllten die Bunker zum einen den Zweck der Platzerweiterung, zum anderen dienten sie der Einsperrung der als „gefährlich" eingestuften Patienten. Häufig wurden die Verlegungen in die Bunker und Zellen zudem als Strafmaßnahmen gegenüber Kranken genutzt, teilweise war dies mit Nahrungsentzug verbunden.[75]

Es ist sehr wahrscheinlich, dass man Luise mit ihrer Diagnose, der bisherigen Krankengeschichte und den unruhigen Krankheitsphasen in ihren letzten Lebensmonaten in solche Räumlichkeiten verbrachte.

Mit der Inbetriebnahme der Gaskammer in Hadamar Jänner 1941 war die Landes-Heilanstalt Eichberg zur „Zwischenstation" für diese Tötungsanstalt geworden.

Dr. Mennecke erwies sich als besonders eifriger Befehlsvollstrecker: „Während andere Anstalten, wie nach den Instruktionen von „T4" vorgesehen, nur für einen Teil ihrer Patientinnen und Patienten, je nach Grad der Krankheit oder Behinderung, Bögen ausfüllten, wurden auf dem Eichberg offenbar alle untergebrachten Kranken erfasst: in einer zeitgenössischen Statistik sind für den Eichberg 1488 Meldebögen (etwa entsprechend der damaligen Belegungszahl) verzeichnet."[76]

„Am 13. Januar 1941 fand die erste Verlegung vom Eichberg nach Hadamar statt. In den folgenden Monaten bis Ende April schickte die Anstalt Eichberg aufgrund der zugesandten „Transportlisten" zunächst

---

75 Siehe dazu: a.a.O. Wissen und Irren, S. 183.
76 Siehe dazu: a.a.O. Wissen und Irren, S. 186.

annäherd 800 ihrer eigenen Patientinnen und Patienten in den Tod."[77]

Unter ihnen befand sich Luise.

Einzig erhalten geblieben ist Luises Patientenkartei-Karte vom Eichberg, im Format von 10 x 15 cm. Durch diese kleine Karte findet sich ihr Name in der Opferdatenbank von Hadamar.

Patientenkartei-Karte von Luise Hofer, Landes-Heil- und Pflege-Anstalt Eichberg, Vorderseite, 10 x 15 cm.
(LWV-Archiv, B10, Patientenkartei Eichberg.)

---

[77] Siehe dazu: a.a.O. Wissen und Irren, S. 188. Die Anstalt Eichberg wurde eine sog. Zwischenanstalt. „Todeskandidaten und Todeskandidatinnen" wurden aus anderen Anstalten hierhergebracht, um sie mit Bussen von hier zur Ermordung nach Hadamar zu transportieren. Der Tag des Transportes vom Eichberg war der Tag der Ermordung in Hadamar. Siehe dazu: a.a.O. Wissen und Irren, S. 203: „Beinahe 2300 Menschen wurden allein 1941 vom Eichberg zur Ermordung in die Hadamarer Gaskammer geschickt." Für Hadamar fungierten neben Eichberg auch die Anstalten Herborn, Weilmünster, Kalmenhof-Idstein, Scheuern, Galkhausen, Andernach, Wiesloch und Weinsberg als Zwischenanstalten. Insgesamt wurden in Hadamar von Jänner bis Ende August 1941 10.072 Menschen im Rahmen der „Aktion T4" ermordet. Siehe dazu: Brigitte Kepplinger und Hartmut Reese, Die Nationalsozialistischen Euthanasie-Verbrechen: Orte und „Aktionen", in: Brigitte Kepplinger, Gerhart Marckhgott, Hartmut Reese, Tötungsanstalt Hartheim, Oberösterreich in der Zeit des Nationalsozialismus, a.a.O., Seiten 465–468.

Aus der Patientenkartei entnehmen wir den Namen und den letzten Aufenthaltsort von Luise – „Höchst a.M.", ihr Geburtsdatum und ihre vermutliche Kuratel-Zugehörigkeit – „St. Johann / Mühlkreis: Österreich". Wir ersehen ihre erste Aufnahme „5. 12. 1925", die Überstellung in eine andere Anstalt, nach Niedernhart, „ü. 16.3.1929 nach Österreich" und ihre „Hauptbuch=Nr. 11318".

Ebenso ist auf der Karte die zweite Aufnahme am Eichberg mit „16. 10. 1939." notiert, daneben findet sich in der Spalte „Entlassung" ein lila Stempel „21. Feb. 1941". Rechts davon, in der Spalte „Hauptbuch=Nr.", steht die Laufnummer „16670", die Luise bei ihrer erneuten Aufnahme erhalten hatte.

Bemerkenswert ist ein mit Rotstift geschriebener Buchstabe, vermutlich ein großes „S.", der neben dem gestempelten lila Datum zu finden ist. Das könnte die Paraphe eines Pflegers oder einer Person der Landes-Heil- und Pflege-Anstalt Eichberg sein, der/die beim Stempeln des Abgangsdatums sein/ihr Kürzel hinterlassen hat.[78]

Ich bin mir nicht sicher, ob dem so ist. Denn bei der Durchsicht der Akten von Luise habe ich gesehen, dass nur sehr wichtige Ereignisse mit Rotstift vermerkt oder unterstrichen wurden. Dieselbe Beobachtung habe ich auch bei meiner Durchsicht der knapp 28.000 historischen Krankenakten der Landes-Heilanstalt Salzburg gemacht.[79]

Könnte das vermutete rote „S." nicht auch die Abkürzung der Diagnose von Luise Hofer – „Schizophrenie" – sein?

---

78 Ich danke Madeleine Michel M.A. und Dr. Dominik Motz von der Gedenkstätte Hadamar für diesen Hinweis.
79 Siehe Fußnote 1.

Oder steht das rote „S." für „Sektion"? Vor dem Vergasen markierte Patienten und Patientinnen, bei denen die medizinische Diagnose für die Forschung interessant schien, wurden anschließend in den Sezierraum (Sektionsraum) gebracht. Dort wurden ihnen die Gehirne entnommen und an medizinische Universitätsinstitute versandt.[80]

Oder handelt es sich hier in Kurrentschrift um den Buchstaben „D." oder „d.", für „desinfiziert", ein im menschenverachtenden Sprachgebrauch der Nationalsozialisten verwendetes Synonym für die Ermordung in der Gaskammer?

Diese Frage bleibt leider unbeantwortet und offen.

Auf der Rückseite der Patientenkartei steht nur ein Wort: „ortshilfsbed.", das wohl „hilfsbedürftig vor Ort" bedeuten und darauf hinweisen sollte, dass Luise sehr schwach und beim Transport in die Tötungsanstalt auf Hilfe angewiesen war.

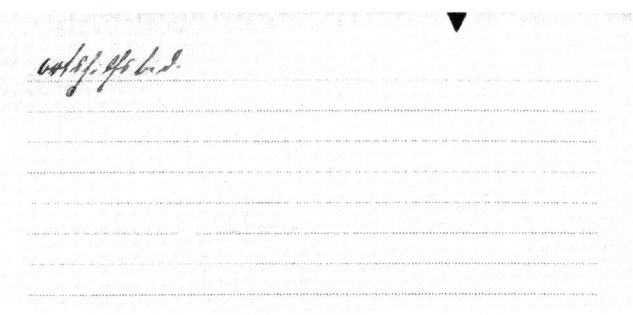

Patientenkartei-Karte von Luise Hofer, Landes-Heil-und Pflege-Anstalt Eichberg, Rückseite, 10 x 15 cm .
(LWV-Archiv, B10, Patientenkartei Eichberg.)

80   Siehe dazu die Videos der Gedenkstätte Hadamar von 2020–2022: youtube hadamar – Google Suche.

Das Selektionsverfahren des nationalsozialistischen Regimes lief folgendermaßen ab:

Ab dem 10. Oktober 1939 waren vom Reichsministerium für Inneres in Berlin die ersten Patienten-Meldebögen an die Anstalten verschickt worden, in denen gezielt nach Kriterien wie Diagnose, Arbeitsfähigkeit, Aufenthaltsdauer, gefragt wurde.

Die Anstaltsleitung wurde ohne jede weitere Hintergrundinformation aufgefordert, diese Bögen umgehend auszufüllen.[81] Die ausgefüllten Meldebögen mussten retourniert werden und gingen in Kopien an je drei Gutachterärzte. Ihre Ergebnisse wurde danach in der „Aktion T4"-Zentraldienststelle in Berlin einem der Obergutachter vorgelegt, dem die letzte Entscheidung vorbehalten war. Jeder Meldebogen war links unten mit einem schwarz umrandeten Kasten versehen, der leer bleiben musste. Hier verzeichnete der Obergutachter ein schwarzes „–" für das Leben oder ein rotes „+" für den Tod des Patienten/der Patientin. Eine Liste mit den Namen der Menschen, die getötet werden sollten, wurden mit dem Datum der Abholung durch die Busse der GeKrat[82] an die Anstalten geschickt.

Die Ärzte und die Pfleger und Pflegerinnen hatten dafür zu sorgen, dass die selektierten Kranken am angekündigten Termin abholbereit waren.

---

81 Siehe dazu: Brigitte Kepplinger, NS-Euthanasie in Österreich: Die „Aktion T4" – Struktur und Ablauf, in: Brigitte Kepplinger, Gerhart Marckhgott, Hartmut Reese, Tötungsanstalt Hartheim, Oberösterreich in der Zeit des Nationalsozialismus, a.a.O., S. 35ff.
82 Siehe dazu Fußnote 10.

Meldebogen der Aktion „Aktion T4“.
(Diakoniewerk Gallneukirchen.)

Sowohl der Direktor der Anstalt in Niedernhart, Dr. Rudolf Lonauer, als auch der Direktor in Eichberg, Dr. Friedrich Mennecke, waren zwei der insgesamt 40 „T4“-Gutachter.

Parallel zu seiner Tätigkeit als „Gutachter" war Mennecke zudem Mitglied von Ärztekommissionen, die vor Ort in den Anstalten Meldebögen ausfüllten oder überprüften. Im Juni 1940 war er Mitglied einer Ärztekommission, die in der „Ostmark"[83] Kranke für die Tötung in Hartheim aussuchte.

So viel ist traurige Gewissheit:

Die Überstellung nach Eichberg hat das Leben von Luise vermutlich verlängert. Mit ihrer Diagnose „Endstadium einer Schizophrenie" galt sie als unheilbar krank und war für die Nationalsozialisten „unwertes Leben". Damit war sie dem Tod geweiht. Die Diagnose war in der Zeit der Aktion „Aktion T4" ausschlaggebend für die Transferierung und Ermordung von Patienten und Patientinnen. [84]

Als sogenannte „gefährliche Diagnose", die einem Todesurteil gleichkam, galten:

Schizophrenie, Epilepsie, senile Erkrankungen, therapie-refraktäre Paralyse und andere Lues-Erkrankungen, Schwachsinn jeder Ursache, Encephalitis, Huntington und andere neurologische Endzustände.[85]

Nur ganz wenige „Langzeit-Patienten und Patientinnen" entkamen der nationalsozialistischen Todesmaschinerie und überlebten. Dafür gab es zumeist drei Gründe: erstens: Arbeitsfähigkeit, zweitens: (bei Männern) eine Verwundung und/oder Verdienste beziehungsweise Auszeichnungen im Ersten Weltkrieg und

---

83 „Ostmark" war nach dem „Anschluss" im März 1938 bis 1942 die offizielle Bezeichnung für das Land Österreich, ab 1942 „Alpen- und Donau-Reichsgau".

84 Harald Jenner: Quellen zur Geschichte der „Euthanasie"-Verbrechen 1939–1945 in deutschen und österreichischen Archiven. Ein Inventar. Im Auftrag des Bundesarchivs, o.O. 2003/2004.

85 Siehe dazu: Daniela Alexandra Kroth, Untersuchungen zum Verlegungsverhalten der Nervenklinik München während des Zeitraumes der" Aktion T4", S. 18f.

drittens: der intensive Kontakt der Familie mit dem/
der Kranken und das Interesse der Familie am Gesundheitszustand ihres/ihrer Angehörigen – sie stellten für
die Kranken einen immensen Schutz dar.

Alle drei Gründe trafen für Luise nicht zu.

Man muss daher annehmen, dass Luise, – wäre sie
nicht nach Eichberg verlegt worden, sondern in Niedernhart verblieben –, der NS-Selektion mit großer
Wahrscheinlichkeit um einige Monate früher zum
Opfer gefallen und schon früher ermordet worden wäre.

In den Gaskammern von Schloss Hartheim begann
das Morden bereits Anfang Mai 1940.[86]

Hadamar ging als letzte der sechs Tötungsanstalten[87]
erst mit Jänner 1941 in Betrieb.

Am 21. Februar 1941 wurde Luise ermordet. Sie wurde
in der Gaskammer von Hadamar mit Kohlenmonoxyd
erstickt.

Am selben Tag hatte ihre Verlegung vom Eichberg
nach Hadamar stattgefunden. Das Verlegungsdatum
war gleichzeitig ihr Todesdatum. Es wurden nur jeweils
so viele Kranke in Bussen vom Eichberg nach Hadamar
transportiert, wie die Tötungsanstalt Kapazität zum
Morden hatte.[88]

Wie die letzten Stunden Luises gewesen sein müssen,
veranschaulicht der Bericht der Eichberger Patientin
Clara Sch. aus Wiesbaden, eine der ganz wenigen, die

---

86 Siehe dazu: Brigitte Kepplinger, NS-Euthanasie in Österreich:
    Die „Aktion T4" – Struktur und Ablauf, in: Brigitte Kepplinger,
    Gerhart Marckhgott, Hartmut Reese, Tötungsanstalt Hartheim,
    Oberösterreich in der Zeit des Nationalsozialismus, a.a.O., S. 42.
87 Siehe dazu Fußnote 9.
88 Siehe Fußnote 10.

noch in Hadamar, kurz vor der Gaskammer, zurück-
gestellt wurde. Die Gründe dafür sind nicht bekannt.
Sehr wohl konnte Dr. Mennecke Streichungen von der
„Todesliste" vornehmen, wozu er wie alle Anstaltsleiter
durch „Aktion T4" ermächtigt war.[89] Was ihn in diesem
Fall dazu bewogen hatte, wissen wir nicht. Nach Kriegsende, bei ihrer Aussage im sog. „Hadamar-Prozess" am
23. Mai 1946, berichtete Clara Sch. detailliert über ihre
Verlegung nach Hadamar, wo sie in früheren Jahren
bereits einmal Patientin gewesen war[90]:

„Am 17. 3. 41 wurde ich mit zahlreichen anderen
Kranken nach Hadamar verlegt. Die Verlegung war uns
vorher nicht angekündigt worden, es war uns auch nicht
gesagt worden, wohin wir überführt wurden. Ich versuchte mich der Verlegung zu entziehen und versteckte
mich, wurde aber gefunden. Der Transport erfolgte mit
2 oder 3 großen rotgestrichenen [!][91] Omnibussen, die
voll besetzt waren. Die Fenster waren verhängt, sodass
man nichts sehen konnte. In Hadamar wurden wir
hinter dem Frauenflügel ausgeladen und durch einen
gedeckten Gang in das Innere des Gebäudes geführt.
Mir fiel sofort auf, dass das Gebäude irgendwie verändert war. Im Frauenflügel kamen wir in den Wachsaal,
in dem nur noch eine Reihe Betten stand, während im
übrigen Bänke darin aufgestellt waren. In einer Ecke
lagen alte Militärmäntel. Wir mussten uns auskleiden, und wurden über den Flur in ein grosses Zimmer
geführt, den früheren Speisesaal [...]. [...] Aus diesem

---

89 Siehe dazu: a.a.O. Wissen und Irren, S. 189.
90 Siehe dazu: a.a.O. Wissen und Irren, S. 212 f.: Anmerkungen S. 129
    und S. 133.
91 Die Busse der GeKrat waren anfangs rot gestrichen. Erst nach und
    nach wurden die Busse zur Tarnung für den Krieg grau gestrichen.
    Ich danke Mag. Peter Eigelsberger von der Lern- und Gedenkstätte
    Schloss Hartheim für diese Auskunft.

Raum kam ich unmittelbar in das anstoßende Neben-
zimmer, wo ein einzelner Arzt im weissen Kittel sass.
[...] dieser Arzt richtete einige Fragen [...] an mich und
erklärte schliesslich, ich würde morgen entlassen. [...]
Die anderen mit uns nach Hadamar verlegten Kranken
mussten, wie ich mich noch erinnere, die im Wachsaal
liegenden Militärmäntel überziehen und wurden in das
Bad geführt. [...] Es wurde ihnen ausdrücklich erklärt,
sie müssten jetzt baden und kämen dann ins Bett."

Das angebliche Bad im Keller war in Wirklichkeit die
Gaskammer, in der fast alle (wahrscheinlich mehr als 99
Prozent) der 1941 vom Eichberg nach Hadamar verleg-
ten Menschen mit Kohlenmonoxyd erstickt wurden.[92]

Die Tötungsanstalt Hadamar mit rauchendem Schornstein, 1941,
Fotograf unbekannt.
(Archiv des Landeswohlfahrtsverbandes Hessen, F 12 Nr. 192)

92   Siehe dazu: a.a.O. Wissen und Irren, S. 189f.

GeKrat Busse vor der Landesheilanstalt Eichberg.
(Hessisches Hauptstaatsarchiv Wiesbaden HHStAW, Best. 3008/1 Nr. 1012)

Ehemalige Busgarage im Innenhof der Gedenkstätte, Zustand 2022.
(Gedenkstätte Hadamar, Valentin Pfleger, 2018.)

Gaskammer Hadamar, um 1990, Frank Mihm.
(Archiv des Landeswohlfahrtsverbandes Hessen, Bestand F 12 Nr. 282.)

Ausgrabungsstätte der ehemaligen Verbrennungsanlage
im historischen Keller.
(Gedenkstätte Hadamar, Tanja Wesel, 2021.)

Ich stelle mir Luise vor, wie sie in Eichberg – vielleicht unter dem Vorwand, dass sie einen Ausflug machen dürfe – in einen der Busse verfrachtet wird, dessen Scheiben verhängt sind. Sie weiß nicht, wohin sie gefahren wird. Hat sie Angst gehabt, vielleicht sogar Panik? Waren sie und die anderen Todeskandidaten und Todeskandidatinnen unruhig oder hatte man sie vor der Abfahrt ruhiggestellt?

Ich stelle mir Luise vor, wie sie sich nach der Ankunft in Hadamar auskleiden musste. Wurde sie noch einmal einem Arzt vorgeführt?

Ich stelle mir Luise vor, wie sie nackt und nur in einen alten Militärmantel gehüllt, in einen Raum getrieben wurde, angeblich um zu baden oder zu duschen.

Ich stelle mir Luise vor, wie sie in der Gaskammer erstickt.

Ich frage mich: Was geschah mit ihrer Asche? Hat man ihre Asche am Anstaltsgelände in eine Grube geschüttet oder einem Massengrab verscharrt? Das lässt sich heute nicht mehr mit Sicherheit klären.

Einen Anstaltsfriedhof gab es in Hadamar erst ab 1942 bis 1945, in der sogenannten „zweite Phase" der „Euthanasie". Der Grund lag darin, dass die Verantwortlichen die Leichen nach Beendigung der „Aktion T4" nicht mehr verbrennen konnten – den aufsteigenden Rauch hätte man bemerkt – und sie die Ermordeten nun in Massengräbern, die als Einzelgräber getarnt waren, verscharrten.

Kurz nach ihrer Ermordung – in der Regel geschah das zwei bis vier Wochen danach[93] – wurde die Familie im Mühlviertel in einem offiziellen Schreiben, einem sogenannten „Trostbrief", davon unterrichtet, dass Luise an einer Lungenentzündung verstorben sei.[94]

Diese Todes-Benachrichtigungen folgten immer demselben Schema:

Man erklärte die Notwendigkeit der Verlegung in die Tötungsanstalt mit einer „ministeriellen Verfügung, die im Zusammenhang mit den augenblicklichen militärischen Ereignissen" zusammenhänge. Der Tod sei „plötzlich und unerwartet" eingetreten, die Todesursache ist stets fingiert. Der Tod wird als „Erlösung" für den Kranken/die Kranke bezeichnet. Auf Grund hygienischer Notwendigkeiten habe man den Leichnam sofort einäschern müssen.

Die Urne mit den sterblichen Überresten könne man sich auf Wunsch zuschicken lassen, man müsse dafür aber „eine Bescheinigung über den Erwerb bzw. den Besitz einer Begräbnisstätte innerhalb von 14 Tagen hierher reichen." Für diverse Besitztümer des/der Verstorbenen habe man innerhalb von 14 Tagen eine Bescheinigung für die Erbberechtigung nachzuweisen, „soweit der bisherige Kostenträger [nicht] darauf Anspruch erhebt".

An Zynismus sind diese Zeilen kaum zu überbieten.

---

93 Siehe dazu: Brigitte Kepplinger, Die Tötungsanstalt Hartheim 1940–1945, in: Brigitte Kepplinger, Gerhart Marckhgott, Hartmut Reese, Tötungsanstalt Hartheim, Oberösterreich in der Zeit des Nationalsozialismus, a.a.O., S. 91f.
94 Davon berichtete mir Renate – wie im Text bereits erwähnt.

Hadamar b. Limburg/Lahn, den   25. März 1941

Postschließfächer: Hadamar/Lahnkreis Nr. 24 ████
Fernruf: Hadamar/Lahnkreis 230 u. 235
Bankkonto: Nassauische Landesbank, Landesbankstelle
Limburg/Lahn, Nr. 104 673

Tgb.-Nr.   E/26/46/S.
(Bei Antwort stets angeben!)

Frau
Mathilde U e c k e r t
Duisburg - Hamborn
==========================
Adestrasse 20

Besuche sind 8 Tage vorher
bei der Anstalt schriftlich anzumelden

Sehr geehrte Frau Ueckert !

Am 13. März 1941 wurde auf Grund einer ministeriellen Verfügung gemäss
Weisung des Reichsverteidigungskommissars Ihr Mann, Herr Ernst Ueckert
in unsere Anstalt verlegt. Diese Maßnahme steht im Zusammenhang mit den
augenblicklichen militärischen Ereignissen.

Zu unserem Bedauern müssen wir Ihnen nun mitteilen, daß der Patient
plötzlich und unerwartet am 24. März 1941 an einer akuten Hirnhautentzün-
dung verstorben ist.

Da Ihr Mann an einer schweren, geistigen unheilbaren Erkrankung litt,
müssen Sie seinen Tod als eine Erlösung auffassen.

Da unsere Anstalt nur als Zwischenanstalt anzusehen ist und der Aufenthalt unter anderem der Feststellung dient, ob sich unter den Kranken Ba-
zillenträger befinden, die ja - wie die Erfahrung lehrt - bei Geisteskranken immer wieder auftreten, ordnete die Gesundheitspolizei zur Verhütung
übertragbarer Krankheiten die sofortige Einäscherung des Leichnams an.
Einer besonderen Zustimmung Ihrerseits bedurfte es in diesem Falle nicht.

Wenn Sie den Wunsch haben, die Urne mit den sterblichen Überresten auf
Ihrem Heimatfriedhof oder sonst in einer Familiengrabstätte beisetzen zu
lassen, so wollen Sie bitte eine Bescheinigung über den Erwerb bezw. den
Besitz einer Begräbnisstätte innerhalb von 14 Tagen hierher reichen. Die
Übersendung der Urne an den betreffenden Friedhof erfolgt dann kostenlos.
Andernfalls würden wir die Urne anderweitig beisetzen lassen.

Die Kleider des Patienten mussten aus oben angeführten Gründen desinfiziert werden. Sie haben bei der Desinfektion stark gelitten. Sollten Sie
uns Ihre Erbberechtigung nachweisen, so stehen die Kleider und der Nach-
lass - letzterer besteht aus einem Ehering - gerne zu Ihrer Verfügung,
soweit nicht der bisherige Kostenträger Anspruch darauf erhebt. Sollten
wir innerhalb von 14 Tagen nicht im Besitz einer Bescheinigung über Ihre
Erbberechtigung sein, so übergeben wir die Kleider mit Ihrem Einverständ-
nis armen und bedürftigen Kranken der Anstalt.

Wir bitten auch andere Angehörige von dem Tod des Patienten zu benachrich-
tigen, da wir keine weiteren Anschriften besitzen.

Zwei Sterbeurkunden, die Sie für eine etwaige Vorlage bei Behörden sorg-
fältig aufbewahren wollen, fügen wir bei.

Heil Hitler !

Anlage:
2 Sterbeurkunden

Benachrichtigung über den Tod eines/einer
Angehörigen, sogenannter „Trostbrief".[95]
(Gedenkstätte Hadamar Sammlung, Konvolut Ueckert.)

---

95   Ich danke Dr. Dominik Motz von der Gedenkstätte Hadamar für die
zur Verfügungstellung dieses Dokumentes. Zu Ernst Ueckert sind unter
nachfolgendem Link weitere biografische Informationen abrufbar:
Eigenstaendiger-Rundgang-2020-02_Gedenkstaette-Hadamar.pdf

Wurden tatsächlich die Eltern von Luise brieflich verständigt oder war der Bürgermeister von St. Johann offiziell noch immer Luises Kurator und die Todesnachricht ging an ihn? Das lässt sich heute nicht mehr eruieren, dafür müsste man in die Krankenakte der Landes-Heil- und Pflegeanstalt Eichberg vom Oktober 1939 einsehen können.

Den Angehörigen wäre es möglich gewesen, Luises Urne zugeschickt zu bekommen. Das hat man unterlassen.

In den Tötungsanstalten wurden nach dem Verbrennen der Leichen die Asche aus den Öfen genommen und verschickte sie auf Wusch in Urnen an die Hinterbliebenen. Zum Teil wurden auch elektrische Knochenmühlen zum Zerkleinern der Knochenreste verwendet und man vermischte die Asche mit dem Knochenmehl.[96]

In der Urne befand sich jedoch nie die Asche des Betreffenden, sondern man nahm wahllos etwas Asche und Knochenmehl und verschickte diese.

Da Familien die Urnen ihrer Verstorbenen häufig nicht anforderten, hatten die Tötungsanstalten Probleme mit den großen Mengen an Asche und Knochenmehl der von ihnen Ermordeten und sandten diese in der Folge in großer Zahl in Tongefäßen an für Urnenbestattungen zugelassene, zuständige Friedhofsämter, wie etwa den Wiener Zentralfriedhof.[97]

---

96 Für die Existenz einer Knochenmühle in Hadamar konnte ich keinen Beleg finden. Die Tötungsanstalten Hartheim, Sonnenstein und Grafeneck verwendeten eine Knochenmühle zum Zerkleinern der Knochenreste.In den Archivbeständen und den Akten des sog. „Hadamar-Prozesses" – 25. Februar 1947 bis 26. März 1947 in Frankfurt am Main – findet sich jedoch an keiner Stelle ein Hinweis zu einer Knochenmühle in Hadamar. Ich danke der Gedenkstätte Hadamar und Dr. Peter Sandner vom Hessischen Landesarchiv Wiesbaden für ihre Auskünfte.
97 Ich danke Mag. Peter Eigelsberger von der Lern- und Gedenkstätte Schloss Hartheim für diese Auskunft.

Zur Zeit des Nationalsozialismus und noch danach standen Tausende nicht abgeholte Urnen in den Abstellstellkammern städtischer Friedhöfe.

Aus Hadamar gab es Sammel-Verschickungen von Urnen u. a. an die Städtischen Friedhöfe von Frankfurt, Wiesbaden oder Köln.[98]

In Konstanz tauchten 1983 im Keller der Aussegnungshalle des städtischen Friedhofs überraschend 192 Urnen auf, darauf standen Namen von Menschen, die fast alle Opfer der Aktion „Aktion T4" – zumeist in Hartheim – geworden waren.[99]

Wahrscheinlich hatte die Familie von Luise – wie viele andere Familien auch – Angst, war vom NS-Regime eingeschüchtert und hütete sich davor, die Urne anzufordern und sich überhaupt bei den Behörden zu melden. Anfang 1941 befand sich die Aktion „Aktion T4" und damit das Ermorden psychisch Kranker durch die Nationalsozialisten auf ihrem Höhepunkt. Im gesamten Reichsgebiet wurden fast täglich Kranke mit den grauen Bussen der GeKrat von den Anstalten abgeholt und in die Tötungseinrichtungen gebracht.

Wie hatte Renate zu mir gesagt: „Die Familie ahnte zwar, was passiert war, man nahm an, dass Luise vergast worden sei, man wusste es aber nicht". Man befürchtete zwar, dass mit Luise etwas Schreckliches passiert sein

---

98   Ich danke Claudia Stul M.A. von der Gedenkstätte Hadamar für diese Auskunft. Siehe zu Frankfurt: Arbeitskreis Zwangssterilisation und NS-„Euthanasie" in Frankfurt am Main | Gegen Vergessen – Für Demokratie e.V. (rheinmain-gegenvergessen.de), Zu den Urnen der „Euthanasie"-Opfer und zum Gräberfeld auf dem Frankfurter Hauptfriedhof.

99   Ich danke Mag. Peter Eigelsberger von der Lern- und Gedenkstätte Schloss Hartheim für diese Auskunft. Siehe dazu auch: NS Euthanasie im Dritten Reich – Konstanz* (ns-euthanasie.de).

könnte, aber laut darüber zu sprechen oder gar Kritik daran zu üben, war unmöglich, ja sogar sehr gefährlich. Das hätte das eigene Todesurteil sein können. Zudem hätte das Bekanntwerden, dass es in der Familie eine psychisch schwer kranke Person gegeben hat oder gab, nach dem geltenden Erbgesundheitsgesetz bedeutet, dass die Familie erblich belastet, ja „erbkrank" war. In der Folge führte das häufig zu Zwangssterilisationen.

Es sind sogar Beispiele bekannt, in denen Familien ihren ermordeten Verwandten verleugneten und vorgaben, es müsse sich hier um einen Irrtum handeln.[100]

Deshalb nahm Luises Familie diese Nachricht einfach hin, wehrte sich nicht dagegen und hielt still.

Und es stellt sich die Frage, was man mit der Urne gemacht hätte – war eine Feuerbestattung für Mitglieder der katholischen Kirche doch verboten.[101]

In den Jahren nach dem Krieg wurde in der Familie über Luise wohl hin und wieder gesprochen, aber im Laufe der Zeit vergaß man sie ganz. Einzig ihre Schwester Käthe vergaß sie nicht und erzählte ihrer jüngsten Tochter immer wieder von ihr.

Man wusste in der Familie aber weder Luises Todestag noch den genauen Ort, wo man sie ermordet hatte.

Man nahm an und erzählte sich später, Luise sei in Hartheim umgekommen.

Es wurden keinerlei Nachforschungen angestellt.

Luise erhielt keine Grabstätte. Auf dem Familiengrab erinnert keine Inschrift an sie.

---

100 Ich danke Mag. Peter Eigelsberger von der Lern- und Gedenkstätte Schloss Hartheim für diese Auskunft.
101 Erst seit dem Zweiten Vatikanischen Konzil 1963 akzeptiert die Katholische Kirche die Feuerbestattung.

Wäre Luises Namen nicht in der Opferdatenbank von Hadamar vermerkt, wüsste man weder den Ort noch das Datum ihres Todes.[102]

Luises Mutter überlebte ihre Tochter um knapp fünf Monate. Sie verstarb am 12. Juli 1941 eines natürlichen Todes.

Eine Stunde vor Eintreffen der US-Armee am 5. Mai 1945 tötete Dr. Rudolf Lonauer in Neuhofen an der Krems zuerst seine Frau, danach seine beiden Töchter – sieben und zwei Jahre alt – und schließlich sich selbst.

Im Dezember 1946 fand in Frankfurt am Main der „Eichberg-Prozess" statt.

Angeklagt waren Dr. Mennecke und Dr. Schmidt[103], die Oberschwester Helene Schürg, der Abteilungspfleger Andreas Senft und zwei Krankenpflegerinnen. Mennecke wurde zum Tode verurteilt, Schmidt zu lebenslangem Zuchthaus, Schürg zu acht Jahren Zuchthaus, die Krankenpflegerinnen wurden freigesprochen.

---

102 Auch auf der von Hagai Aviel aus Tel Aviv illegal ins Netz gestellten Liste mit den Namen und Geburtsdaten von 30.076 Menschen, die während der „Aktion T4" in Gaskammern ermordet wurden, findet sich der Name Aloysia (Luise) Hofer nicht. www.iaapa.org. il/46024/Claims# und: www.psychiatrie-erfahrene.de/explanation. html Siehe dazu auch: Götz Aly, Die Belasteten, „Euthanasie" 1939-1945, Eine Gesellschaftsgeschichte, S. Fischer Verlag, Frankfurt am Main 2012, S.17.

103 Walter Eugen Schmidt (Wiesbaden 9. Juli 1910 – 31. Januar 1970 ebenda) war im nationalsozialistischen Deutschen Reich SS-Untersturmführer und als Oberarzt in der Landesheilanstalt Eichberg im Rahmen der „Aktion T4" und der Kinder-„Euthanasie" an der Tötung von Geisteskranken und behinderten Kindern beteiligt. Ab dem 15. Februar 1939 war Schmidt Volontärarzt und ab 1. Mai 1939 Assistenzarzt an der Landesheilanstalt Hadamar beschäftigt.

Dr. Mennecke starb am 28. Januar 1947 in einer Zelle des Zuchthauses Butzbach noch vor der Urteilsvollstreckung unter nicht geklärten Umständen, alle anderen Verurteilten kamen bis 1959 wieder frei.

Dr. Schmidt praktizierte noch jahrelang in der Gegend von Hattenheim als Arzt.[104]

Das Geburtshaus von Luise in St. Johann am Wimberg steht heute noch.

---

104 Siehe Landesheilanstalt Eichberg, Hessen | Gedenkort T4
      (gedenkort-t4.eu)

CHRONOLOGIE

3. Mai 1897 kam Luise Hofer mittags um 12 Uhr 30 in der kleinen Ortschaft Petersberg 20 im oberösterreichischen Mühlviertel zur Welt.

Zwischen 1911 und 1922 ging Luise nach Wiesbaden und nahm eine Stelle als Hausmädchen bei einer wohlhabenden Familie an.

Zwischen 1918 und 1922 lernte Luise den französischen Offizier André B. kennen.

1923: Besuch der jüngeren Schwester Käthe bei Luise und André in Wiesbaden.

Zwischen der zweiten Hälfte 1923 und 1925: Übersiedlung von Luise und André von Wiesbaden nach Höchst am Main. Dort wohnhaft bis zum Spätherbst 1925.

Sommer bis Spätherbst 1925: André wird nach Marokko versetzt.

November 1925: Luise wird nachts bei einem Einbruch in ihrer Wohnung niedergeschlagen.

Mitte November 1925: Luise schießt mit dem Revolver von André auf der Straße herum. Einlieferung in das städtische Krankenhaus in Höchst am Main.

5. Dezember 1925 – 16. März 1929: 1. Aufenthalt in der Landes-Heil- und Pflegeanstalt Eichberg im Rheingau.

17. März 1929 – 15. Oktober 1939: Aufenthalt in der Oberösterreichische Landes-Heil- und Pflegeanstalt für Geisteskranke in Niedernhart-Linz.

16. Oktober 1939 – 21. Februar 1941: 2. Aufenthalt in der Landes-Heil- und Pflegeanstalt Eichberg im Rheingau.

21. Februar 1941: Transport in die Tötungsanstalt Hadamar. Tod durch Vergasung.

LITERATURVERZEICHNIS

Aly, Götz: Die Belasteten, „Euthanasie" 1939-1945, Eine Gesellschaftsgeschichte, S. Fischer Verlag, Frankfurt /Main 2012.

Dohle, Oskar, Ulrike Feistmantl und Elisabeth Telsnig : ... Trotl bin ich nicht. Kreatives Schaffen in der Landesheilanstalt Salzburg 1849-–1969, Schriftenreihe des Salzburger Landesarchivs, Nr. 28, Salzburg 2018.

Fröhlich, Heribert und Manfred Skopec (Hrsg.): 200 Jahre Landesfrauenklinik Linz, Wien 1990.

Goldberger, Josef: NS-Gesundheitspolitik in Oberdonau (Hrsg. Verlag OÖ Landesarchiv), Linz 2008.

Hofmann, Gustav: 200 Jahre Psychiatrisches Krankenhaus in Oberösterreich, Linz 1988.

Jenner, Harald: Quellen zur Geschichte der „Euthanasie"-Verbrechen 1939—1945 in deutschen und österreichischen Archiven. Ein Inventar. Im Auftrag des Bundesarchivs, o.O., 2003/2004.

Kepplinger, Brigitte, Gerhart Marckhgott und Hartmut Reese: Tötungsanstalt Hartheim, Oberösterreich in der Zeit des Nationalsozialismus, Bd. 3, (Hrsg. Oberösterreichisches Landesarchiv und Lern- und Gedenkort Schloss Hartheim), Linz 2013.

Kroth, Daniela Alexandra: Untersuchungen zum Verlegungsverhalten der Nervenklinik München während des Zeitraumes der „Aktion T4". Dissertation zum Erwerb des Doktorgrades der Medizin an der Medizinischen Fakultät der Ludwig-Maximilians-Universität, München 2010.

Luchsinger, Katrin: Die Vergessenskurve. Werke aus psychiatrischen Kliniken der Schweiz um 1900. Eine kulturanalytische Studie, Chronos Verlag, Zürich 2016.

Müller-Werth, Herbert: Geschichte und Kommunalpolitik der Stadt Wiesbaden, F. Steiner Verlag, Wiesbaden 1963.

Rachbauer, Markus: Vom Verwahrungsort zur Heilanstalt? Die psychiatrische Anstalt Niedernhart 1918–38. In: Oberösterreichisches Landesarchiv (Hrsg.): Oberösterreich 1918–1938. Band IV, Linz 2016.

Schwarte, Hergard: Die zwei „Türme von Münster", Clemens August Graf von Galen (1878 – 1946) und Dr. Adolf Donders (1877 – 1944), in: Katholische Bildung, Verbandsorgan des Vereins katholischer deutscher Lehrerinnen e. V., März 2006.

Telsnig, Elisabeth und Franz Murauer: Josef Hofer, *Verlag* Bibliothek der Provinz, Weitra 2013.

Vanja, Christina, Steffen Haas, Gabriela Deutschle, Wolfgang Eirund und Peter Sandner (Hrsg.): Wissen und Irren. Psychiatriegeschichte aus zwei Jahrhunderten – Eberbach und Eichberg, Landeswohlfahrtsverband Hessen, Kassel 1999.

Wolf, Manfred: Eine irre Geschichte. In: OÖ-Nachrichten Spezial, 23. September 2017 (www.nachrichten.at).

BILDNACHWEIS

STICHWORTVERZEICHNIS
PERSONENREGISTER

SACH-/ORTSREGISTER

DANK

Mein besonderer Dank gilt Univ. Prof. i. R. Dr. Karl
Müller von der Universität Salzburg, PD Dr. Thomas
Röske – Leiter der Sammlung Prinzhorn der Psychiat-
rischen Universitätsklinik Heidelberg und Mag. Peter
Eigelsberger von der Dokumentationsstelle der Lern-
und Gedenkstätte Schloss Hartheim für das Vorab-
Lesen meines Manuskriptes und ihre Anregungen.
Sie haben meine Arbeit begleitet und mich stets unter-
stützt.
Für ihre Umsicht und Anregungen danke ich meiner
Lektorin, Dr.in Erika Sieder.

BIOGRAFIE

Elisabeth Telsnig-Langer, Dr. phil., geb.1953 in Graz,
ist Kunsthistorikerin (Dissertation: E.T.A. Hoffmann
als Zeichner und Maler, Universität Graz 1980),
Germanistin und Mutter von vier erwachsenen
Kindern.

Von 1995 bis 2015 betreute sie Menschen mit
Behinderung in ihrem kreativen Schaffen,
ab 1997 bis 2015 leitete sie das von ihr begründete
Atelier in der Werkstätte der Lebenshilfe Oberösterreich in Ried im Innkreis.
1997 bis 2022 kuratierte sie das Werk des „Art Brut"-
Künstlers Josef Hofer.

Sie ist Autorin zahlreicher Publikationen über Josef
Hofer und zum Thema „Outsider Art".
Sie hält international Vorträge über ihre Tätigkeit.
Elisabeth Telsnig-Langer lebt in Salzburg.

Publikation im Verlag Bibliothek der Provinz:
Telsnig, Elisabeth und Franz Murauer: Josef Hofer,
Weitra 2013

Verlag Bibliothek der Provinz

für Literatur, Kunst, Wissenschaft und Musikalien